Inhalt

W0040877

100% übersichtlich

Erleben Sie 100% New York auf sechs Spaziergängen. Jedes Kapitel im 100% Cityguide ist einem Spaziergang gewidmet. Am Kapitelende gibt es eine Karte mit der Kurzbeschreibung des Spaziergangs. Auf der Karte in der vorderen Umschlagklappe sehen Sie die sechs Kartenausschnitte im Überblick. Dort finden Sie anhand der Buchstaben Ⓐ bis Ⓦ alle Hotels sowie die Sehenswürdigkeiten und Ausgehtipps, die nicht auf einem der Spaziergänge liegen.

In den sechs Kapiteln beschreiben wir ausführlich, welche Sehenswürdigkeiten Sie auf den Spaziergängen entdecken können und wo man gut essen, trinken, shoppen, feiern und relaxen kann. Alle Adressen sind mit einer Nummer ① gekennzeichnet, die Sie im Stadtteilplan am Ende des Kapitels wiederfinden. An der Farbgebung der Nummer können Sie erkennen, zu welcher Kategorie die jeweilige Adresse gehört:

⚫ Sehenswürdigkeiten	⚪ Shoppen
🔴 Essen & Trinken	🔴 New York live

SECHS SPAZIERGÄNGE

Zu jedem Kapitel gehört ein Spaziergang, der – ohne Besuch der genannten Sehenswürdigkeiten – ungefähr drei Stunden dauert. Die Länge der Strecke (in km) finden Sie über der Wegbeschreibung und auf den einzelnen Stadtteilplänen sehen Sie den genauen Verlauf der Route. Die Beschreibung neben dem Stadtplan führt Sie entlang der Sehenswürdigkeiten zu den schönsten Adressen. So entdecken Sie fast nebenbei die besten Shoppinggelegenheiten, die nettesten Restaurants und die angesagtesten Cafés und Bars. Wer irgendwann keine Lust mehr hat, der Route zu folgen, kann mit Hilfe der ausführlichen Tipps und Pläne auch wunderbar auf eigene Faust Entdeckungen machen.

PREISANGABE BEI HOTELS UND RESTAURANTS

Um Ihnen eine Vorstellung von den Preisen in den Hotels und Restaurants zu geben, finden Sie bei den Anschriften stets auch Preise. Die Angaben für Hotels beziehen sich auf ein Doppelzimmer mit Frühstück pro Nacht, es sei

100 % NEW YORK

SPAZIERGANG 1: WALL STREET, CHINATOWN & LOWER EAST SIDE
Die Wall Street bildet den historischen Teil New Yorks. Hier liegen die Wurzeln der Stadt – und die des Kapitalismus. Weiter geht es dann in die ebenso geschäftige Welt der kleinen Läden in Chinatown und die schicken Boutiquen und Restaurants der Lower East Side.

SPAZIERGANG 2: NOLITA, SOHO, WEST VILLAGE & THE HIGH LINE
Dieser Spaziergang führt durchs "Herz der Stadt", zu den Galerien und Boutiquen in SoHo, durchs angesagte West Village und das neue Szeneviertel Meatpacking District bis zu Manhattans neuester Errungenschaft, der zu einer Parkanlage umgestalteten High Line.

SPAZIERGANG 3: CENTRAL PARK, TIMES SQUARE & UNION SQUARE
Entdecken Sie die berühmten Highlights New Yorks – das Empire State Building, den Times Square, das Museum of Modern Art oder das Flatiron Building und flanieren Sie an den Läden in der eleganten Fifth Avenue entlang.

SPAZIERGANG 4: UPPER EAST SIDE
Der ideale Ort für Kunstfreunde und Naturliebhaber. Auf diesem Spaziergang können Sie der Hektik der Stadt entkommen und Kunst erleben. Sie kommen am prächtigen Central Park vorbei sowie an allen großen Museen, die östlich davon liegen.

SPAZIERGANG 5: HARLEM & UPPER WEST SIDE
Folgen Sie der Route am Hudson entlang, die zum altehrwürdigen Wissenstempel Columbia University führt. Weiter geht es in Richtung Harlem, wo Sie die faszinierende Geschichte des Jazz und der afroamerikanischen Kultur kennenlernen und eine Vielzahl historischer Bauten am Weg bewundern können.

SPAZIERGANG 6: WILLIAMSBURG
Zwischen den Lagerhäusern am East River gibt es zahlreiche nette Cafés, tolle Kaffeebars und beliebte Vintageshops. In Williamsburg sind New Yorks Künstler und Hipster zu Hause. Überqueren Sie die Brücke und schon befinden Sie sich in einer anderen Welt – 100% New York eben.

100% NEW YORK

In New York gibt es so viel zu erleben – doch wo fängt man am besten an? Natürlich sollten Sie den Blick vom Empire State Building genießen, eine Vorstellung im Apollo Theater besuchen und mit der Staten Island Ferry aufs Wasser hinausfahren, um die Freiheitsstatue zu bewundern. Oder im River Side Park und auf The High Line relaxen, in Williamsburg shoppen und die Skyline von der Brooklyn Promenade aus bestaunen, in Harlem Soul-Food essen, durch den hippen Stadtteil Lower East Side schlendern und abends einen Cocktail im beliebten Viertel SoHo trinken. 100% New York zeigt Ihnen, was Sie auf keinen Fall verpassen sollten. Sightseeing & Shopping, Ausgehen & Abenteuer – die übersichtlichen Stadtpläne weisen Ihnen den Weg.

AUF 6 SPAZIERGÄNGEN 100% NEW YORK ERLEBEN!

denn, es ist etwas anderes angegeben. Die Angaben für die Restaurants nennen - wenn nicht anders verzeichnet – den Durchschnittspreis eines Hauptgerichts. Bei Cafés ist dies der Preis für ein Sandwich oder eine kleine Mahlzeit.

AMERIKANISCHE GEWOHNHEITEN

Die New Yorker lieben es, essen zu gehen. Vielleicht liegt dies auch daran, dass die Küche in einer New Yorker Durchschnittswohnung ziemlich klein ist. In New York haben Sie die Qual der Wahl, sich für eines von fast 20.000 Restaurants zu entscheiden. Die meisten New Yorker treffen sich zwischen 19 und 21 Uhr zum Dinner. Oftmals ist eine vorherige Reservierung nicht notwendig. Bei den sehr beliebten Restaurants tragen Sie sich beim Eintreffen auf einer Liste ein und dann warten Sie, bis ein Tisch frei wird. Bei den Nobelrestaurants jedoch müssen Sie sowohl für den Lunch als auch fürs Abendessen reservieren. Nehmen Sie zur Sicherheit auch in Bars und Restaurants Ihren Ausweis mit, da Alkoholkonsum sehr streng kontrolliert wird.

Wenn die Rechnung kommt, werden Sie sehen, dass immer ein Steuerbetrag addiert wird. In New York beträgt dieser Satz 8,875 Prozent. Darauf schlägt man üblicherweise noch ein Trinkgeld von 15–20 Prozent. Für diejenigen, die nicht so gut im Kopfrechnen sind, gibt es eine Faustregel: Verdoppeln Sie die Summe, die auf dem Bon hinter "Tax" steht, und geben Sie diese als Trinkgeld. In New York gibt man in der Regel immer Trinkgeld, auch wenn der Service nicht der beste war. Für Bedienungen und Barkeeper ist Trinkgeld ein lebensnotwendiges Extra zum Gehalt. Ohne dieses kämen die meisten von ihnen nicht über die Runden.
Wenn Sie mit einer Gruppe ab fünf Personen essen gehen, sollten Sie auf Folgendes achten: Ein "Trinkgeld" von 20 Prozent wird in vielen Restaurants automatisch auf die Rechnung gesetzt. Lesen Sie das Kleingedruckte auf der Speisekarte und sehen Sie sich den Bon genau an, sodass sie nicht doppelt Trinkgeld geben.

Der Steuersatz für Kleidung und Schuhe beträgt 4,5 Prozent, für andere Artikel wie Kosmetika und Haushaltsartikel 8,8 Prozent und bei Hotelzimmern bezahlt man einen Zuschlag von 14,75 Prozent.

NATIONALE FEIERTAGE

Zusätzlich zu dem variablen Feiertag Karfreitag gibt es in den Vereinigten Staaten folgende Feiertage:

1. Januar	New Year's Day
dritter Montag im Januar	Martin Luther King Jr. Day
dritter Montag im Februar	President's Day
letzter Montag im Mai	Memorial Day
4. Juli	Independence Day
erster Montag im September	Labor Day
zweiter Montag im Oktober	Columbus Day
11. November	Veterans Day
vierter Donnerstag im November	Thanksgiving
25. Dezember	Weihnachten

HABEN SIE NOCH TIPPS?

Wir haben diesen Reiseführer mit großer Sorgfalt zusammengestellt. Da das Angebot an Geschäften und Restaurants in New York jedoch regelmäßig wechselt, kann es sein, dass eine Empfehlung nicht mehr existiert. Besuchen Sie in diesem Fall oder wenn Sie andere Anmerkungen zu diesem 100% Cityguide haben, unsere Webseite *www.100travel.de/newyork* oder schreiben Sie uns an info@momedia.com. Wir freuen uns über Hinweise, neue Tipps und natürlich auch Fotos. Posten Sie diese gerne auf unserer facebook fanpage: facebook.com/100travel.

Last but not least möchten wir noch bemerken, dass keine der vorgestellten Adressen für ihre Erwähnung bezahlt hat, weder für den Text noch für die Fotos. Alle Texte wurden von einer unabhängigen Redaktion geschrieben.

Hotels

Die über 80.000 Hotelzimmer in New York sind sowohl in den großen Hotelketten als auch in den vielen kleinen Hotels an idyllischen Plätzen zu finden. Das Angebot variiert von einfachen Designhotels und B&Bs bis hin zu Luxuspalästen. Ob Sie nun modernes Design oder Art déco bevorzugen – in New York gibt es für jeden Geschmack und jeden Geldbeutel ein passendes Hotel.

Hoteliers haben die merkwürdige Angewohnheit, die Zimmerpreise mindestens einmal pro Woche zu ändern – je nach Saison, Feiertagen oder Nachfrage. Schauen Sie sich deshalb immer nach Angeboten um. Die günstigeren Hotels in Manhattan fangen bei etwa 110 Dollar pro Nacht an. Sie sind in der Regel schlicht, aber komfortabel eingerichtet, doch ohne Extras und häufig auch mit Gemeinschaftsbad. In der Mittelklasse ist die Auswahl an guten Hotels größer. Rechnen Sie in dieser Preisklasse mit 190 Dollar oder mehr pro Nacht. Die teuren Hotels bieten fast grenzenlosen Luxus – mit unendlich schicken Suiten, die teilweise die Größe eines durchschnittlichen New Yorker Appartements um einiges übertreffen.

Die Buchstaben der Hotels finden Sie auf dem Übersichtsplan am Anfang des Reiseführers. Für weitere Hotelempfehlungen bietet sich die Tourismus-Website von New York an: *www.nycgo.com*, Partner von *www.travelocity.com*. Privatunterkünfte werden z.B. über *www.airbnb.com* vermittelt.

GÜNSTIGE PREISKLASSE

(A) Das **New York Loft Hostel** in Brooklyn gehört zu den komfortabelsten Hotels der Stadt. In dem 1913 erbauten und kürzlich renovierten Haus gibt es Schlafsäle und Doppelzimmer. Die Zimmer sind geräumig und mit Schließfächern ausgestattet. Allen Gästen stehen eine angenehme Küche, der Garten und ein Whirlpool zur Verfügung. Im Sommer wird dreimal wöchentlich gegrillt, und im Winter kann man Fondue essen. Frühstück, Internet und Bettwäsche sind im Preis inbegriffen.
249 varet street, www.nylofthostel.com, telefon: 718 3661351, preis: ab 65 $, u-bahn l morgan av

3B Ⓓ

Ⓑ **East Village Bed and Coffee** ist ein kleines Hotel in einem Backsteingebäude. Es ist kein gewöhnliches Hotel, sondern erinnert eher an ein gemütli-
ches Wohnhaus, mit besonderen Zimmern wie dem superkleinen Dutch Room,
mit blauen Delfter Fliesen an den Wänden. Die Inhaberin verrät übrigens gern
ein paar ihrer Geheimtipps rund ums Viertel. Am besten frühzeitig reservieren.
*110 avenue c, zwischen 7th und 8th st, www.bedandcoffee.com, telefon: 917
8160071, preis: ab 135 $, u-bahn f delancey st*

(c) Das **Gershwin Hotel** befindet sich mitten im hippen Flatiron District, einmal um die Ecke gebogen können Sie sich in den Läden auf der Fifth Avenue umschauen. Das Hotel liegt fünf Gehminuten vom Madison Square Park und zehn Minuten vom Empire State Building entfernt. Es ist mit Pop-Art-Gemälden und Performance-Kunst ausgestattet, so können Sie Möbel vom hochgepriesenen Designer Philippe Starck entdecken. Ein einfaches Hotel mit sauberen Zimmern!

7 east 27th street, www.gershwinhotel.com, telefon: 212 5458000, preis: ab 137 $, u-bahn 6 28th st

(d) Das Bed & Breakfast **3B** in Brooklyn wird von einer Gruppe junger Leute betrieben, die – quasi im Nebenberuf – kreativ oder künstlerisch tätig sind. Die hellen, mit Holzfußböden ausgestatteten Zimmer sind gemütlich eingerichtet und bieten bequeme Betten. Auch wer auf sein Budget achten muss, ist hier richtig: Es gibt einen Schlafsaal als preiswerte Alternative.

136 lawrence street, www.3bbrooklyn.com, telefon: 347 7622632, preis: ab 154 $, u-bahn a, c, f jay st

MITTLERE PREISKLASSE

(e) Von den **Off Soho Suites** im hippen Bezirk Lower East Side erreicht man SoHo, Little Italy und Chinatown leicht zu Fuß. Für New Yorker Verhältnisse sind die Apartments geräumig. Sie haben nicht nur ein abgetrenntes Schlafzimmer, sondern auch eine komplett eingerichtete Küche und sind damit ideal für Selbstversorger. Ganz in der Nähe (eine Minute Gehzeit) befindet sich die Metrostation Bowery.

11 rivington street, www.offsoho.com, telefon: 800 6337646, preis: ab 218 $, u-bahn j bowery

(f) Das **Ace Hotel** in Midtown hat 269 unterschiedliche Zimmer: Es gibt *bunk rooms* mit Etagenbetten, die gewöhnlichen Zimmer variieren von Minizimmern bis hin zu Lofts. Beim Eintreten fällt einem sofort die große Lobby auf, wo man es sich tagsüber auf den großen Bänken und Stühlen bequem machen kann. Abends legt hier oft ein DJ auf, zu dessen Musik Sie einen leckeren Drink genießen können.

20 west 29th street, www.acehotel.com, telefon: 212 6792222, preis: ab 275 $, u-bahn n, r, 6 28th st und f, m 23rd st

GEHOBENE PREISKLASSE

(G) **MySuites** empfiehlt sich für alle, die den authentischen New Yorker Lifestyle erleben möchten. Sie haben die Wahl zwischen dreizehn in Manhattan verteilten Apartments, alle in der Nähe beliebter Restaurants und Cafés gelegen. Die Räume sind stilvoll und komfortabel eingerichtet. *verschiedene standorte in downtown manhattan, www.mysuites.net, telefon: 212 810 1308, preis: ab 320 $, diverse u-bahnlinien/stationen (siehe webseite)*

(H) Das **Wythe Hotel** ist eines der neueren Hotel Brooklyns. Es verfügt über 72 Zimmer – darunter einige Doppelzimmer mit Hochbetten – und eine Dachterrasse, die eine fantastische Aussicht bietet: über Manhattan, wenn Sie sich im Manhattan View King Room einquartieren oder auf die kunstvoll gestalteten Fassaden der Gebäude ringsherum in den anderen Zimmern. Obwohl das ehemalige Industriegebäude von 1901 rundum erneuert wurde, sind einige industrielle Details bewahrt geblieben. Eingerichtet ist das Haus mit funktionalen, aber schönen Möbeln.
80 wythe avenue, www.wythehotel.com, telefon: 718 4608000, preis: ab 325 $, u-bahn l bedford av und g nassau av, east river ferry nach n 6th st/ north williamsburg

(I) **The Standard, High Line NYC** nennt sich ein Designhotel im trendigen Meatpacking District. Hier steigen nicht nur Touristen ab, sondern auch der eine oder andere Filmstar. Die raumhohen Fenster der Zimmer gewähren einen grandiosen Blick über Manhattan und den Hudson. Gemütlich sitzen, etwas trinken oder speisen kann man im Café, im Restaurant oder im Biergarten sowie an der Bar in der obersten Etage (mit besonders spektakulärer Aussicht!).
848 washington street, www.standardhotels.com, telefon: 212 6454646, preis: ab 340 $, u-bahn a, c, e 14th st, l 8 av

WYTHE HOTEL Ⓗ

Ⓙ Im Herzen des umtriebigen SoHo liegt das elegante **Crosby Street Hotel**. Schon der hübsche Innenhof verheißt einen angenehmen Aufenthalt. Und die hellen Zimmer, bei deren exquisiter Ausstattung auf jedes Detail geachtet wurde, bestätigen diesen Eindruck. An der Hotelbar können Sie frühstücken, brunchen, Ihren Nachmittagstee einnehmen oder am Abend einen Cocktail trinken.

79 crosby street, www.firmdalehotels.com/new-york/crosby-street-hotel, telefon: 212 2266400, preis: ab 450 $, u-bahn 6 spring st, b, d, f, m broadway-lafayette und n, r prince st

Unterwegs

Das schnellste Transportmittel zwischen **Flughafen** und Stadt ist das Taxi. Je nach Verkehrsaufkommen dauert eine Fahrt vom John F. Kennedy Airport (JFK) 40–60 Minuten. Für eine Fahrt nach Manhattan gilt der Fixpreis von 52,50 Dollar (exklusive Maut), bei den anderen Stadtteilen variieren die Preise von 38 bis 65 Dollar. Wenn Sie auf LaGuardia Airport ankommen, brauchen Sie ca. 20–40 Minuten bis Manhattan. Von hier aus kostet eine Taxifahrt zwischen 20 und 35 Dollar. Vom Flughafen Newark (in New Jersey) aus dauert die Fahrt bis Manhattan 40–60 Minuten und kostet ungefähr 50–75 Dollar (exklusive Maut). Von Manhattan bis Newark bezahlen Sie den Betrag auf dem Taxameter und 17,50 Dollar Zuschlag. Es ist üblich, dem Taxifahrer ein Trinkgeld von 15 bis 20 Prozent zu geben.

Pendeldienste wie der New York Airport Service Express (siehe *www. nyairportservice.com*), der Olympia Airport Express (*www.olympiabus.com*) oder der Super Shuttle (*www.supershuttle.com*) sind eine günstige Alternative. Diese kosten 12–23 Dollar pro Person und stoppen an festen Haltestellen.

Ansonsten gibt es noch die öffentlichen Verkehrsmittel. Mit dem **Bus** M60 kommen Sie von Manhattan nach LaGuardia. Von Newark aus sind Sie mit dem **Airtrain** in 45 Minuten und für 12 Dollar an der Penn Station. Vom JFK aus kommen Sie mit dem Airtrain zu U-Bahn-Stationen der Linien A, E, J und Z.

Mit der **U-Bahn** (subway) sind Sie in New York am schnellsten. Diese ist durchweg sauber und auch sicher – zumindest, wenn man nicht mit seinen Wertsachen hausieren geht. Sie brauchen für die U-Bahn die MetroCard. Eine einfache Fahrt kostet 2,50 Dollar. Es gibt auch Mehrfahrtentickets (pay-per-ride) sowie Zeittickets.

Auf der Pay-per-Ride-Karte hat man ein bestimmtes Guthaben (höchstens 80 Dollar) und bekommt nach dem Aufladen (ab zehn Dollar) ein paar freie Fahrten. Die Zeitkarten gibt es in zwei Varianten: Das 7-Tage-Ticket (29 Dollar) und das 30-TageTicket (104 Dollar) geben uneingeschränkte Berechtigung zum Fahren innerhalb dieses Zeitraums. Diese Karte darf einmal pro 18 Minuten und nur von einer einzigen Person gebraucht werden.

Die U-Bahn-Stationen haben den gleichen Namen wie die jeweilige Straße, an der sie liegen. Manche Haltestellen haben separate Eingänge für U-Bahn-Linien Richtung Norden (Uptown) und Richtung Süden (Downtown). An jeder Haltestelle gibt es Übersichtspläne, und eventuelle Fahrplanänderungen werden angezeigt. Diese finden Sie auch auf *www.mta.info*.

Eine schöne Alternative zur U-Bahn: Leihen Sie sich ein **Fahrrad**. Bei Citi Bike (*www.citibikenyc.com*) zahlen Sie für 24 Stunden 10 Dollar Leihgebühr und für sieben Tage nur 25 Dollar.

An **Taxis** gibt es in New York keinen Mangel. Sobald Sie eine Hand hochhalten, hält in der Regel eines an. Wenn die Nummer auf dem Taxidach leuchtet, ist es frei. Wenn das Zeichen "Off Duty" erscheint, ist die Schicht des Fahrers vorbei. Wenn überhaupt kein Licht leuchtet, ist das Taxi besetzt. Geben Sie am besten immer die Querstraßen an (zum Beispiel 52nd Street, zwischen 1st und 2nd), wenn Sie dem Fahrer sagen, wo Sie hin möchten.

Höchstens vier Personen dürfen in einem Taxi mitfahren. Der Durchschnittspreis einer Fahrt von 5 km liegt bei 7–11 Dollar, je nach Verkehrslage und Uhrzeit. Das Trinkgeld beträgt etwa einen Dollar, bei längeren Fahrten etwa 15–20 Prozent. Zahlen Sie bar oder mit Kreditkarte. Bei Kreditkartenzahlung schlägt der Apparat automatisch ein Trinkgeld vor. Nehmen Sie immer einen Bon mit, darauf steht die Taxinummer. So können Sie es wiederfinden, wenn sich ein Problem ergibt oder etwas im Taxi liegen geblieben ist.

Wall Street, Chinatown & Lower East Side

Geschichte erleben, Trends beobachten und exotisch essen

Bis ins 19. Jahrhundert spielte sich das Leben in New York vor allem in dem kleinen Teil ab, der nun Lower Manhattan heißt. Noch um 1700 reichte die Stadt nicht viel weiter als bis zur Fulton Street, hundert Jahre später waren gerade mal ein paar Häuserblocks dazugekommen. Noch bei der Eröffnung der City Hall 1812 konnte sich kein Mensch vorstellen, dass sich die Stadt jemals Richtung Norden ausbreiten sollte. In dieser geschichtsträchtigen Gegend stehen beeindruckende Bauwerke aus der frühen Stadtgeschichte, von Gebäuden im gregorianischen Stil und im Federal Style nahe der Wall Street, bis hin zu den weltweit bekannten Hochhäuser sowie den Tempeln Chinatowns.

Das quirlige Chinatown war einst eine gefährliche Gegend. Ende des 19. Jahrhunderts fanden hier Kämpfe der Straßenbanden wie der Dead Rabbits und der Bowery Boys statt. Die seinerzeit berüchtigten Hochhäuser im heutigen Columbuspark trugen düstere Namen wie Bone Alley, Kerosene

1

Row und Bandits' Roost. Chinatown hat das schlechte Image längst hinter sich gelassen. Heutzutage genießen die Menschen hier die Kultur, das leckere Essen und die originellen Läden. Derzeit ist die Gegend mit ihren vielen Geschäften und Restaurants sehr en vogue.

Die Lower East Side gehört zu den ältesten Stadtteilen New Yorks. Vor etwa 200 Jahren war hier die erste Anlaufstelle zahlloser Zuwanderer. Wie sie damals lebten und wie sich der Stadtteil seitdem verändert hat, zeigt das Lower East Side Tenement Museum in der Orchard Street. Heute ist Lower East Side eine Gegend mit vielen Bars, Cafés und Boutiquen, die fest in der Hand von hippen, jungen Menschen sind. Auch Kunstliebhaber schätzen die Gegend mit ihren zahlreichen Galerien. Schauen Sie ab und zu nach oben, denn hier gibt es noch schöne alte Backsteinhäuser mit den typischen Feuertreppen, die das alte New York prägten.

6 Insider-Tipps

9/11 Memorial

Die berührende Gedenkstätte für die Opfer von 9/11 besuchen.

Hester Street Fair

Am Wochenende über den bunten Flohmarkt schlendern.

Staten Island Ferry

Zusammen mit Pendlern zur Freiheitsstatue schippern.

Castle Fitzjohns Gallery

Meisterwerke von Andy Warhol und Roy Lichtenstein bewundern.

Brooklyn Bridge

Einen Spaziergang mit Ausblick auf beide Skylines machen.

Schiller's Liquor Bar

Den Tag in einer entspannten Bar ausklingen lassen.

● **Sehenswürdigkeiten**
○ **Shoppen**

● **Essen & Trinken**
● **New York live**

Sehenswürdigkeiten

(2) **Castle Clinton** wurde 1811 auf einer künstlichen Insel errichtet und diente ursprünglich dazu, den New Yorker Hafen gegen die Engländer zu verteidigen. Noch im 19. Jahrhundert diente das Fort einige Zeit als Theater, bevor es als Anlaufstelle für Zuwanderer Verwendung fand, in der zwischen 1855 und 1890 etwa acht Millionen Immigranten eintrafen. Danach beherbergte das monumentale Bauwerk das New York Aquarium, und heute werden hier Tickets für die Fähren zur Freiheitsstatue und nach Ellis Island verkauft.
battery park, www.nps.gov/cacl, telefon: 212 3447220, geöffnet: täglich 8.30-17.00, eintritt: frei, u-bahn 1 south ferry, 4, 5 bowling green

(3) Im Jahr 1926, genau dreihundert Jahre nach der Gründung von Nieuw Amsterdam, schenkte die niederländische Regierung der Stadt New York einen Fahnenmast. Durch das **Netherlands Monument** wird daran erinnert, dass die Geschichte New Yorks einst als niederländischer Handelsplatz begann und dass die Niederländer den Indianern Manhattan "abkauften".
battery park, u-bahn 1 south ferry, 4, 5 bowling green

(4) Dort, wo im 17. Jahrhundert das Fort Amsterdam stand, befindet sich nun das U.S. Custom House. Es stammt aus dem Jahr 1907, als der New Yorker Hafen das wichtigste Zugangstor des Landes war und hier sechzig Prozent der gesamten Importsteuer der Vereinigten Staten eingingen. Die ersten drei Stockwerke gehören zum **National Museum of the American** Indian und zeigen Ausstellungen über die Indianer.
1 bowling green, www.nmai.si.edu, telefon: 212 5143700, geöffnet: mo-mi & fr-so 10.00-17.00, do 10.00-20.00, eintritt: frei, u-bahn 4, 5 bowling green, metro 1 south ferry

(7) Dort, wo der erste Präsident Amerikas, George Washington, seinen Eid ablegte und der Kongress 1789 erstmals tagte, steht nun das **Federal Hall National Memorial**. In diesem Gebäude, das einst als U.S. Custom House diente, lagerten früher Silber und Gold im Wert von über 300 Millionen Dollar. Heute ist hier ein Museum, das über Washingtons Vereidigung, die Pressefreiheit und die erste Federal Hall (Kapitol), die hier stand, informiert.
26 wall street, höhe nassau street, www.nps.gov/feha, telefon: 212 8256990, geöffnet: mo-fr 10.00-18.00, so 10.00-17.00, eintritt: frei, u-bahn 2, 3 wall st

(8) Die Wurzeln der **New Yorker Börse** gehen auf das Jahr 1792 zurück. Damals vereinbarten 24 Händler, nur noch miteinander Geschäfte zu machen und mit einer festen Provision zu handeln. Der Aktienhandel fand ab 1865 statt. Das Hauptgebäude des heutigen Komplexes an der Broad Street ist vor allem aufgrund der gigantischen Säulen und der riesigen Fahne ein beeindruckender Anblick. Als es im Jahr 1903 zum ersten Mal seine Tore öffnete, war es bereits klimatisiert. Seit den Anschlägen vom 11. September 2001 ist die Börse nicht mehr öffentlich zugänglich.

11 wall street, www.nyse.com, u-bahn 2, 3 wall st

(9) Die **Trinity Church** ist ein Paradebeispiel neogotischer Architektur und eine der bekanntesten Kirchen New Yorks. Sehenswert ist auch der dazugehörige Friedhof.

74 trinity place, eingang broadway, www.trinitywallstreet.org, telefon: 212 6020800, geöffnet: mo-fr 7.00-18.00, sa 8.00-16.00, so 7.00-16.00, so gottesdienst 9.00 & 11.15, eintrtitt: frei, u-bahn 2, 3, 4, 5 wall st, 1, n, r rector st und j, m, z broad st

(10) Wo einst die Twin Towers standen, ist die imposante Gedenkstätte **9/11 Memorial** zur Erinnerung an die Opfer des Anschlags vom 11. September 2001 entstanden. Auf *www.911memorial.org* können Sie Eintrittskarten reservieren. An der 120 Liberty Street finden Sie darüber hinaus das **Tribute WTC Visitor Center**, das persönliche Gegenstände der Opfer zeigt und Führungen veranstaltet.

ecke albany/greenwich st, www.tributewtc.org, telefon: 212 2665211, geöffnet: mo-so 10.00-20.00, eintritt: 9/11 memorial frei, visitor center 17 $, u-bahn e world trade center und a, c, j, z, 2, 3, 4, 5 fulton street

(12) Dass **St. Paul's Chapel** den Unabhängigkeitskrieg und auch die zwei Terroranschläge auf das World Trade Center schadlos überstanden hat, grenzt an ein Wunder. In den Tagen, Wochen und Monaten nach 9/11 diente die kleine Kirche als Versorgungsstation für die Feuerwehrleute, die Ground Zero vom Schutt befreiten.

209 broadway, www.saintpaulschapel.org, telefon: 212 6020800, geöffnet: mo-fr 10.00-18.00, sa 10.00-18.00, so 7.00-18.00, eintritt: frei, u-bahn 2, 3, 4, 5, a, c broadway-nassau st

(13) Werfen Sie einen Blick in die **9/11 Memorial Preview Site** mit dem Modell des Monuments, der zukünftigen Wolkenkratzer und des neuen Nationalmuseums. Es finden auch regelmäßig Ausstellungen statt.
20 vesey street, telefon: 212 2672047, geöffnet: täglich 9.00-19.00, eintritt: frei, u-bahn a, c, j, z, 2, 3, 4, 5 fulton st und e world trade center

(14) Der Bau des **Woolworth Building** im Jahr 1913 kostete stolze 13,5 Millionen Dollar. Bis 1930 war es das höchste Gebäude der Welt, und Touristen pilgerten in Scharen zur Aussichtsplattform in der 58. Etage des Wolkenkratzers. Das Bauwerk beeindruckt durch Turmspitzen, Wasserspeier, Stützpfeiler und eine gewölbte Decke. Ein neogotischer Wolkenkratzer!
233 park place, höhe barclay street, nicht öffentlich zugänglich, u-bahn 2, 3 park pl

(15) Die **City Hall** beherbergt neben dem Bürgermeister, dem Stadtrat und einigen Behörden auch eine ganze Sammlung an Erinnerungsstücken. An Wochentagen können Sie gegen Voranmeldung über die Website (*public tours city hall*) an kostenlosen Führungen teilnehmen.
broadway, höhe chambers street, www.nyc.gov, telefon: 212 6399675, geöffnet: mo-fr 8.30-16.30, eintritt: frei, u-bahn 4, 5, 6 brooklyn bridge-city hall und r city hall

(17) Weil die City Hall mehr Büroräume benötigte, wurde im Jahr 1909 das prachtvolle **Municipal Building** gebaut. Auf seiner Spitze thront die *Civic Fame*, eine zauberhafte Steindame, die als Symbol für die fünf Stadtteile New Yorks eine fünfzackige Krone in der Hand hält.
1 centre street, geöffnet: mo-fr 9.00-16.00, eintritt: frei, u-bahn 4, 5, 6 brooklyn bridge-city hall und r city hall

(30) Wie das Alltagsleben der vielen Einwanderer in New York um die Wende zum 20. Jahrhundert aussah, kann man im **Lower East Side Tenement Museum** erkunden. Es ist nur im Rahmen einer Führung zu besichtigen. Voranmeldung empfohlen.
103 orchard street, www.tenement.org, telefon: 212 9753786 , geöffnet: mo-so 10.00-18.30, do 10.00-20.30 , eintritt: 25 $, u-bahn f, j, m, z delancey st/ essex st

Essen & Trinken

(5) Die **Fraunces Tavern** ist nicht nur ein Restaurant und eine Bar, sondern auch ein interessantes Museum über den amerikanischen Unabhängigkeitskrieg. Ein historischer Ort: Genau hier hat Gründungsvater George Washington, zusammen mit seinen Offizieren, bei einem prächtigen Festmahl seinen Triumph gefeiert.
54 pearl street, höhe broad street, www.frauncestavern.com, telefon: 212 9681776 , geöffnet: mo-fr 11.30-23.00, sa 11.30-21.00, so 10.00-16.00 (bar länger geöffnet), preis: 24 $, u-bahn r, 1 whitehall st/south ferry und 2, 3 wall st

(6) Die **Stone Street** heißt angeblich so, weil sie die erste gepflasterte Straße in ganz New York war. Heute ist sie der Lieblingsort derer, die an der Wall Street arbeiten. Bei schönem Wetter wird es zwischen all den pittoresken Gebäuden aus dem 19. Jahrhundert richtig gemütlich, denn dann stellen die vielen Restaurants Tische nach draußen in die schmale Gasse. Genießen Sie das herrliche Frühstück oder einen Kaffee in der Konditorei Financier.
stone street, zwischen broad street und hanover street square, u-bahn 2, 3 wall st, r whitehall st

(21) **The Fat Radish** ist ein Restaurant in einer ehemaligen Wurstfabrik an der Grenze zwischen Chinatown und Lower East Side. In den historischen Räumen mit hohen Decken und Backsteinmauern werden einfache und gesunde Gerichte aufgetischt.
17 orchard street, www.thefatradishnyc.com, telefon: 212 3004053, geöffnet: mo-fr 12.00-15.30 & 17.30-0.00, sa 11.00-15.30 & 17.30-0.00, so 11.00-15.30 & 17.30-22.00, preis: 23 $, u-bahn b, d grand st und f east broadway

(22) In der schummrigen Bar **The Leadbelly** können Sie Austern schlürfen und Cocktails genießen. Von Mittwoch bis Sonntag wird während der Happy Hour Livemusik gespielt, zu späterer Stunde übernimmt dann ein DJ. Neben Austern werden verschiedene Snacks serviert. Wer größeren Hunger hat, geht am besten zu The Fat Radish, das vom gleichen Besitzer betrieben wird.
14b orchard street, www.theleadbellynyc.com, telefon: 646 596 9142, geöffnet: täglich 18.00-2.00 , preis: 13 $, u-bahn b, d grand st und f east broadway

(23) Zwischen den vielen chinesischen Geschäften fällt das **Dimes** kaum auf. Dennoch ist das kleine Restaurant einen Besuch wert. Man kann dort nicht nur zu Mittag oder Abend essen, sondern auch frühstücken – und das in einem angenehm unprätentiösen Ambiente. Weil die Speisekarte in erster Linie saisonale Gerichte aus marktfrischen Zutaten bietet, ist das Dimes besonders bei New Yorker Gesundheitsfreaks beliebt.

143 division street, dimesnyc.com, telefon: 212 240 9410, geöffnet: mo-fr 8.00-23.00, sa-so 9.00-23.00, preis: 11 $, u-bahn f east broadway und j, m essex st

(26) Immer gut besucht ist das in einem hübschen Eckhaus untergebrachte **Dudley's**. Nicht zuletzt, weil dort viele Anwohner auf dem Nachhauseweg von der Arbeit Station machen und sich zur Einstimmung auf den Feierabend an der Bar einen Cocktail genehmigen. Die Küche ist amerikanisch geprägt: einfach, aber gut. Eine Spezialität des Hauses ist der Bronte Burger.

85 orchard street, www.dudleysnyc.com, telefon: 212 925 7355, geöffnet: mo-so 9.00-1.00, preis: 21 $, u-bahn b, d grand st und f delancey st

(31) Graue Backsteinwände mit gerahmten Schwarz-Weiß-Fotos, schlichtes Holzmobiliar und spektakuläre Lichtinstallationen verleihen dem Restaurant **Miller's Near & Far** ein cool-modernes Ambiente. Von der Bar aus kann man den Köchen bei der Arbeit zusehen, während man einen N & F Burger mit Blattgemüse verzehrt.

65 rivington street, www.millersnearandfar.com, telefon: 646 5591210, geöffnet: di-mi & so 18.00-0.00, do-sa 18.00-2.00, sa-so auch 12.00-16.00, preis: 14 $, u-bahn j bowery und f delancey street

(32) Auf längeren Stadtspaziergängen bietet sich eine Pause in der "Luncheonette" **El Rey** an. Mit ihrer hellen, frischen Einrichtung ist sie ein beliebter Treffpunkt im Viertel. Auf der Speisekarte stehen vor allem gesunde Gerichte. Bestellen Sie sich eine Frittata – sie ist nicht nur ein Gaumen-, sondern auch ein Augenschmaus!

100 stanton street, www.elreynyc.com, telefon: 212 260 3450, geöffnet: mo-sa 7.00-23.00, so 8.00-23.00, preis: 9 $, u-bahn j, m, z essex st

EL REY ㉜

㉟ **Schiller's Liquor Bar** ist das Stammlokal vieler Einwohner dieses Stadtteils, das einfache Gerichte serviert. Besonderheit: Die Weinkarte ist in good, decent und cheap unterteilt – laut Schiller ist letztere Kategorie die beste Wahl!

131 rivington street, www.schillersny.com, telefon: 212 2604555, geöffnet: mo-do 11.00-1.00, fr 11.00-3.00, sa 10.00-3.00, so 10.00-0.00, preis: 20 $, u-bahn f delancey st, j, m, z essex st und b, d grand st

Shoppen

(11) Bei **Century 21** werden die Träume jedes Schnäppchenjägers wahr: Hier gibt es eine große Auswahl an Designerklamotten verschiedener Topmarken – und das mit einem ansehnlichen Rabatt. Planen Sie genug Zeit für Ihre Shoppingtour ein, denn das Geschäft ist riesig.
22 cortlandt street, www.c21stores.com, telefon: 212 2279092, geöffnet: mo-mi 7.45-21.00, do-fr 7.45-21.30, sa 10.00-21.00, so 11.00-20.00, u-bahn n, r cortlandt street, 4, 5 fulton street und e world trade center

(18) **CityStore** ist der offizielle Souvenirladen New Yorks. Hier werden unter anderem Fliesen aus U-Bahn-Stationen und aktuelle Ausrüstungsgegenstände der Polizeibehörden NYPD und NYFD verkauft.
1 centre street, north plaza, www.nyc.gov/citystore, telefon: 212 6697452, geöffnet: mo-fr 10.00-17.00, u-bahn 4, 5, 6, j, m brooklyn bridge, 1, 2, a, c, e chambers st und r city hall

(24) Wer schöne Vintage-Artikel, antike Gegenstände oder Krimskrams aller Art sucht, sollte den sehr beliebten Samstagsmarkt **Hester Street Fair** besuchen. Hier gibt es außerdem zahllose Buden, die besonderes Essen oder Lebensmittel anbieten, die man oft kostenlos probieren kann.
ecke hester street/essex street, www.hesterstreetfair.com, geöffnet: mai-okt. sa-so 11.00-18.00, u-bahn f east broadway of delancey st und f, j, m, z essex st

(25) **Lost Weekend** ist kein gewöhnlicher Laden, sondern Café, Kunstgalerie und Boutique in einem. Neben einer guten Tasse Kaffee von Parlor bekommt man hier auch alles für ein gelungenes Strandwochenende.
151 orchard street, www.lostweekendnyc.com, telefon: 917 2612401, geöffnet: mo-so 8.00-20.00, u-bahn f east broadway und b, d grand st

(28) Das minimalistisch gestaltete Geschäft **Top Hat** bietet hochwertige Papeterie von Designerhand und verwandte Produkte wie Notizbücher, Stempel, Lederetuis und Taschen an. Ausgefallene Wohnaccessoires und Lifestyleartikel runden das Angebot ab.
245 broome street, www.tophatnyc.com, telefon: 212 6774240, geöffnet: mo-so 12.00-20.00, u-bahn f delancey street und j, m, z, essex street

LOST WEEKEND ㉕

㉝ **Pixiemarket** hat ein wöchentlich wechselndes Angebot an Damenmode im London-Style: Schuhe, Kleidung, Schmuck und Taschen unabhängiger Designer im Undergroundlook. Wenn Sie hier etwas Schönes finden, können Sie sicher sein, dass nur ganz wenige Menschen das gleiche Stück besitzen. *100 stanton street, www.pixiemarket.com, telefon: 212 2530953, geöffnet: mo-sa 12.00-20.00, so 12.00-19.00, u-bahn f 2nd avenue*

㊱ Die Vintage-Boutique **Edith Machinist** besitzt eine enorme Auswahl an schicken Schuhen und Taschen. Für besonders exklusive Stücke greift man hier auch gern etwas tiefer ins Portemonnaie. Und sollte man später bereuen, etwas nicht gekauft zu haben – kein Problem: man kann auch online shoppen. *104 rivington street, www.edithmachinist.com, telefon: 212 9799992, geöffnet: di-sa 12.00-19.00, so 12.00-18.00, u-bahn f delancey und j, m, z essex st*

⑯ BROOKLYN BRIDGE

New York live

(1) Während einer kostenlosen Überfahrt mit der **Staten Island Ferry** können Sie die Freiheitsstatue und die Skyline von New York bestaunen. Neben cleveren Touristen wird die Fähre vor allem von Pendlern von Staten Island genutzt. Hin- und Rückfahrt dauern insgesamt ungefähr eine Stunde, und die Wartezeit ist in der Regel kurz.

whitehall terminal, www.siferry.com, telefon: 718 8152628, geöffnet: tägliich, außer mo bis 12.00, preis: überfahrt gratis, u-bahn 1 south ferry, 4, 5 bowling green, n, r whitehall st

(16) Der Bau der 1825 Meter langen **Brooklyn Bridge** begann 1870 und dauerte 13 Jahre. Die neogotischen Steinbögen, die mit Stahlkabeln an der Brücke befestigt sind, gehören heute zu New Yorks bekanntesten Wahrzeichen. Von der Mitte der Brücke aus haben Sie eine atemberaubende Aussicht auf die Skylines von Manhattan und Brooklyn.

park row, bei centre street, u-bahn 4, 5, 6 brooklyn bridge-city hall und n, r city hall

(19) Das Gebiet um den **Columbus Park** gehörte früher zu den berüchtigtesten Vierteln der Stadt. Diese Zeiten sind zum Glück vorbei. Heutzutage herrscht dort ein friedliches Treiben, und der Park bietet malerische Szenerien mit kartenspielenden Frauen, herumtollenden Kindern und Männern, die sich ihre Zeit mit chinesischem Schach vertreiben.

mulberry street, zwischen bayard street und worth street , www. nycgovparks.org, geöffnet: täglich, u-bahn a, c, e, j, m, n, q, r, z, 6 canal st

(20) Einst eine verrufene Gegend, doch inzwischen hat sich **Chinatown** zu einem In-Viertel gewandelt. Die Doyers Street war um 1900 Austragungsort zahlreicher Kämpfe zwischen chinesischen Banden (*Tongs*). Weil diese oft tödlich ausgingen, bekam die Straße den Beinamen "Bloody Angle". Auch andernorts in Chinatown begegnet man der Geschichte, etwa beim Kimlau Memorial, bei der Konfuzius-Statue und der Church of the Transfiguration, die von Einwanderern errichtet wurde. In der Pell Street 24 lohnt sich ein Besuch des Vegetarian Dim Sum House, um die köstlichen chinesischen Teigtaschen zu probieren.

mott street, www.explorechinatown.com, u-bahn j, m, n, q, r, z, 6 canal street

㉗ Die **Catinca Tabacaru Gallery** wartet allmonatlich mit einer neuen Präsentation moderner Kunst auf. Vor allem junge in- und ausländische Konzeptkünstler stellen hier aus. Mehrmals pro Jahr bringt die Galerie einen Katalog heraus, in dem Kunstmessen und Kulturprojekte verzeichnet sind, deren Besuch sich lohnt.

250 broome street, www.tincaart.com, telefon: 212 2602481, geöffnet: di-so 11.00-19.00, u-bahn f delancey st und j, m, z essex st

㉙ Die **Castle Fitzjohns Gallery** zeigt neben bedeutenden Bildern von Andy Warhol und Roy Lichtenstein auch Werke junger Talente. In der Regel laufen mehrere Ausstellungen gleichzeitig. Vincent, der Galeriebetreiber, engagiert sich auch im Viertel, wo er unter anderem einen "Galeriepfad" initiiert hat.

98 orchard street, www.castlefitzjohns.com, telefon: 212 260 2460, geöffnet: mo-so 12.00-19.00, u-bahn f delancey st und j, m, z essex st

㉞ **Rachel Uffner** hat schon vielen jungen Künstlertalenten ihre erste Einzelausstellung ermöglicht. Die Galeristin trifft ihre Auswahl, indem sie Ausstellungen auf der ganzen Welt besucht. Die zumeist abstrakten Kunstwerke sind in lichtdurchfluteten Räumen zu sehen.

170 suffolk street, www.racheluffnergallery.com, telefon: 212 2740064, geöffnet: mi-so 10.00-18.00, u-bahn f delancey st, m 2nd av und j, m, z essex st

Wall Street, Chinatown & Lower East Side

S P A Z I E R G A N G 1 (ca. 7 km)

Gehen Sie vom Staten Island Ferry Terminal ① aus nach links in den Battery Park. Dort rechts halten und am Wasser entlang bis zur "Burg" ② und dem Netherlands Monument ③. Am Ende des Parks ist das National Museum of the American Indian ④. Rechts in die Whitehall Street, dann links in die Bridge Street. Schauen Sie bei Fraunces Tavern ⑤ rein, dann geht es weiter die Pearl Street entlang. Dort links gehen in die Coenties Alley und dann rechts in die Stone Street zum Frühstücken ⑥. Danach geht es links in die William Street und wieder links in die Wall Street; Sehenswürdigkeiten: ⑦ ⑧ ⑨. An der Trinity Church zweimal links ab. Jetzt die Thames Street entlang bis zur Greenwich Street mit dem 9/11 Memorial ⑩. Dann rechts in die Liberty Street und wieder rechts. An der Einmündung Church Street gibt es günstige Designerkleidung ⑪. Gehen Sie die Church Street entlang und biegen Sie rechts zur St. Paul Chapel ab ⑫, danach rechts in die Vesey Street ⑬ Richtung Broadway. Links führt der Weg zum Woolworth Building ⑭. Dort über die Straße und durch den City Hall Park ⑮ zur Brooklyn Bridge ⑯, dem Municipal Building ⑰ und einem originellen Souvenirladen ⑱ gehen. Durch die Centre Street gelangen Sie zur Worth Street und biegen rechts ab. Spazieren Sie durch den Columbus Park ⑲ bis zur Mulberry Street. Biegen Sie rechts ab und dann links in die Mosco Street. Von dort links in die Mott Street und nach Chinatown ⑳. In der Bayard Street erst rechts, dann links in die Elizabeth Street. Weiter bis Hester Street und rechts zur Lower East Side. Rechts in die Allen Street abbiegen und danach links in die Canal Street. Dort oder in der Orchard Street können Sie lunchen ㉑ ㉒ ㉓. Der Wochenmarkt ㉔ findet links in der Essex Street statt. Dort wieder nach links in die Hester Street und rechts in die Orchard Street ㉕ ㉖. In der Broome Street (rechts) erwartet Sie Konzept- und Papierkunst ㉗ ㉘. Folgen Sie der Orchard Street, wo Sie berühmte Kunstwerke ㉙ und ein Museum besichtigen können ㉚. Stärken Sie sich mit einem Burger ㉛ in der abzweigenden Rivington Street. Danach rechts in die Stanton Street ㉜ ㉝. Die Suffolk Street links wartet auf mit Kunst ㉞. Biegen Sie rechts ab. In der Rivington Street den Spaziergang mit einem Glas Wein ㉟ abschließen oder noch eine edle Tasche aus zweiter Hand ㊱ erstehen.

1. Staten Island Ferry
2. Castle Clinton
3. Netherlands Monument
4. National Museum of the American Indian
5. Fraunces Tavern
6. Stone Street
7. Federal Hall National Memorial
8. New York Stock Exchange
9. Trinity Church
10. 9/11 Memorial/Tribute WTC Visitor Center
11. Century 21
12. St. Paul's Chapel
13. 9/11 Memorial Preview Site
14. Woolworth Building
15. City Hall
16. Brooklyn Bridge
17. Municipal Building
18. CityStore
19. Columbus Park
20. Chinatown
21. The Fat Radish
22. The Leadbelly
23. Dimes
24. Hester Street Fair
25. Lost Weekend
26. Dudley's
27. Catinca Tabacaru Gallery
28. Top Hat
29. Castle Fitzjohns Gallery
30. Lower East Side Tenement Museum
31. Miller's Near & Far
32. El Rey
33. Pixiemarket
34. Rachel Uffner
35. Schiller's Liquor Bar
36. Edith Machinist

NoLita, SoHo, West Village & High Line

Dorfcharakter, Ausgehviertel, Lagerhäuser und Vintage-Läden

Hier, südlich der 14th Street, ist alles ganz anders als in Uptown. Das beliebte Viertel NoLita (die Abkürzung von North of Little Italy) hat einen quadratischen Grundriss und wird von East Houston, der Bowery, der Broome Street und LaFayette begrenzt. Vor allem die Elizabeth Street ist für ihre reizvollen Läden und Boutiquen bekannt. Das Viertel ist jedoch so klein, dass man es im Nu durchquert hat und schnell in SoHo landet.

SoHo (kurz für South of Houston Street) war ursprünglich ein Industriegebiet mit Fabriken und Lagerhäusern. Inzwischen ist SoHo trendy und absolut tonangebend in Sachen Mode. Mit seinen beeindruckenden gusseisernen Lagerhäusern, den luxuriösen Boutiquen, großen Modehäusern und angesagten Galerien ist es eine der besten *shopping-hoods* New Yorks.

Im Greenwich Village liegt das West Village, auch "Little Bohemia" genannt, weil hier viele Stars ihren Wohnsitz haben. Am Rand des Greenwich Village

NoLita, SoHo, West Village & High Line

Dorfcharakter, Ausgehviertel, Lagerhäuser und Vintage-Läden

Hier, südlich der 14th Street, ist alles ganz anders als in Uptown. Das beliebte Viertel NoLita (die Abkürzung von North of Little Italy) hat einen quadratischen Grundriss und wird von East Houston, der Bowery, der Broome Street und LaFayette begrenzt. Vor allem die Elizabeth Street ist für ihre reizvollen Läden und Boutiquen bekannt. Das Viertel ist jedoch so klein, dass man es im Nu durchquert hat und schnell in SoHo landet.

SoHo (kurz für South of Houston Street) war ursprünglich ein Industriegebiet mit Fabriken und Lagerhäusern. Inzwischen ist SoHo trendy und absolut tonangebend in Sachen Mode. Mit seinen beeindruckenden gusseisernen Lagerhäusern, den luxuriösen Boutiquen, großen Modehäusern und angesagten Galerien ist es eine der besten *shopping-hoods* New Yorks.

Im Greenwich Village liegt das West Village, auch "Little Bohemia" genannt, weil hier viele Stars ihren Wohnsitz haben. Am Rand des Greenwich Village

ist das neue Szene-Viertel Meatpacking District entstanden. Vor nicht allzu langer Zeit hingen dort tagsüber geschlachtete Rinder am Haken, und in den 1980er-Jahren war die Gegend als Tummelplatz von Drogendealern und Prostituierten berüchtigt. Heute reihen sich im Meatpacking District edele Geschäfte an In-Restaurants, und nicht selten läuft man abends einem bekannten Model oder Popstar über den Weg.

Der Park The High Line wurde 2009 eröffnet und erwies sich als absoluter Volltreffer. Das Besondere: Er liegt auf einer ehemaligen Eisenbahnbrücke – zehn Meter über den Straßen von Chelsea und dem Meatpacking District. Als das Gelände in den späten 1990er-Jahren der Abrissbirne zum Opfer fallen sollte, schlugen Anwohner vor, hier einen "Hochpark" anzulegen. Heute lädt der 2,5 Kilometer lange Grünstreifen zu einem Spaziergang ein – vorbei an den Lagerhäusern, vor denen die Güterzüge noch bis 1980 ihre Ladung abluden. Da der Park nur teils von Hochhäusern umgeben ist, hat man obendrein einen schönen Blick auf den Hudson-Fluss und Chelsea.

6 Insider-Tipps

New Museum

Sich von neuen Konzepten und Ideen inspirieren lassen.

Chelsea Market

In einer alten Keksfabrik speisen und einkaufen.

The High Line

Zehn Meter über den Straßen der Stadt herumspazieren.

Le Labo

Ein individuelles Parfum (als Mitbringel) erstehen.

Tacombi

Tacos essen – in einer alten Garage.

The Butcher's Daughter

Viele Vitamine frühstücken oder lunchen

● Sehenswürdigkeiten ● Essen & Trinken

○ Shoppen ● New York live

Sehenswürdigkeiten

⑤ Das **New Museum** präsentiert zeitgenössische Kunst aus aller Herren Länder, darunter Klanginstallationen und Räume, die wie das Innere eines Raumschiffs gestaltet sind. Auch Nachwuchskünstlern mit neuen Konzepten und Ideen wird hier ein Forum geboten. Im Jahr 2007 ist das Museum übrigens in die Bowery umgezogen und verfügt seitdem über wesentlich mehr Ausstellungsfläche als am früheren Standort.
235 bowery, www.newmuseum.org, telefon: 212 2191222, geöffnet: mi, fr-so 11.00-18.00, do 11.00-21.00 , eintritt 16 $, u-bahn j, z bowery und f 2 av

⑨ Was 1999 als eine Sonderausstellung begann, entwickelte sich rasch zu einem kleinen Museum. Eigentlich war das **Italian American Museum** 2001 nur die logische Konsequenz des großen Erfolgs der Sonderausstellung. Heute erfährt man hier alles über die Geschichte der Italo-Amerikaner in New York.
155 mulberry street, www.italianamericanmuseum.org, telefon: 212 9659000, geöffnet: sa 11.00-18.00, so 12.00-18.00, mo-fr nur für gruppen nach voranmeldung, eintritt: gegen spende von mind. 5 $, u-bahn 6, j, n, q, z canal st

⑫ Das heutige Wohn- und Bürogebäude **Singer Building** eignet sich hervorragend als Startpunkt für eine Entdeckungsreise mit dem Thema Gusseisen-Architektur in SoHo. Im Jahr 1902 wurde dieses prachtvolle Gebäude von dem Nähmaschinenhersteller Singer Manufacturing Company in Auftrag gegeben. Heute gibt es hier keine Nähmaschinen mehr, sondern Büros und Appartements.
561 broadway, zwischen prince und spring street, nicht öffentlich zugänglich, u-bahn n, r prince st, 6 spring st und b, d, f, m broadway-lafayette

⑬ Das kleine Haus an der **105 Mercer Street** sieht zwar unschuldig aus, kann aber auf eine lasterhafte Geschichte zurückblicken. Denn kaum ein Jahr nach seiner Errichtung 1831 mauserte es sich zu einem der erfolgreichsten Bordelle in ganz SoHo, dem damaligen Rotlichtviertel der Stadt.
105 mercer street, zwischen prince und spring street, nicht öffentlich zugänglich, u-bahn n, r prince st, 6 spring st und b, d, f, m broadway-lafayette

(15) In der **Greene Street** finden Sie einige der schönsten Gebäude mit gusseisernen Fassaden. Absolutes Highlight: die Hausnummer 72–76 – das King of Greene Street – mit hohen Fensterrahmen und korinthischen Säulen.
72-76 greene street, zwischen spring und broome street, u-bahn c, e, 6 spring st und b, d, f, m broadway-lafayette

(27) Die Adresse Perry Street 66 im West Village diente jahrelang als Kulisse für die Serie *Sex and the City* und erlangte als **Wohnsitz von Carrie Bradshaw** weltweit Berühmtheit. Täglich stehen die Fans Schlange, um sich vor dem Haus mit dem hübschen Treppenaufgang fotografieren zu lassen und anschließend durchs Viertel zu flanieren.
66 perry street, u-bahn 1 christopher st-sheridan sq

(31) Die Kunstsammlung des **Whitney Museum of American Art** beeindruckt durch die Vielfalt der Werke aus dem 20. und 21. Jahrhundert. Jasper Johns, Andy Warhol, Kunstwerke aus Bettdecken, Videos und Skulpturen – alles ist hier zu bestaunen. Während der berühmten Whitney Biennale wird jungen, noch unbekannten Künstlern jedes Jahr die Chance geboten, ihre Werke auszustellen. Die wohlhabende Bildhauerin und Kunstsammlerin Gertrude Vanderbilt eröffnete 1931 das Whitney Museum mit ihrer Sammlung von 700 Kunstwerken, die inzwischen ganze 18.000 Kunstobjekte umfasst. Für das neue Gebäude, in dem das Museum ab 2015 untergebracht sein wird, zeichnet der berühmte italienische Architekt Renzo Piano verantwortlich.
gansevoort street, www.whitney.org, telefon: 212 5703600, für öffnungszeiten siehe webseite, preis: 18 $, u-bahn a, c, e 14th st und l 8 av

Essen & Trinken

(2) Die ungezwungene Taqueria-Atmosphäre und das leckere mexikanische Essen im **Tacombi** schätzen nicht nur Touristen, sondern auch viele New Yorker. Auf der Speisekarte findet sich eine große Auswahl an Tacos und frisch zubereiteten Salsas. Dazu empfiehlt sich ein fruchtiger Rotwein von der Bar – einem ausrangierten VW-Bus! Tipp: das Huevos-Frühstück am Wochenende.
267 elizabeth street , www.tacombi.com, telefon: 917 7270179, geöffnet: mo-do 11.00-23.00, fr-sa 11.00-1.00, sa-so frühstück ab 9.00, preis: 11 $, u-bahn b, d, f, m broadway-lafayette

(6) Beim Betreten dieser ehemaligen Bäckerei fallen sofort die hohen Decken auf, aber gut essen können Sie hier auch: In der Speisekarte finden sich Einflüsse aus aller Welt und seit einigen Jahren hat das **Public** auch einen Michelin-Stern. Leider hat das Lokal an Wochentagen nur abends geöffnet. Am Wochenende gibt es jedoch köstlichen Brunch.
210 elizabeth street, www.public-nyc.com, telefon: 212 3437011, geöffnet: mo-do 18.00-23.00, fr 18.00-0.00, sa 10.30-15.30 & 18.00-0.00, so 10.30-15.30 & 18.00-22.30, bar länger geöffnet, preis: 29 $, u-bahn 6 spring st und n, r prince st

(8) **The Butcher's Daughter** – der Name suggeriert deftige Gerichte mit viel Fleisch. Doch die sucht man auf der Karte dieser Juice-Bar mit Café vergeblich. Hauptsächlich Obst und Gemüse werden hier zu kulinarischen Köstlichkeiten verarbeitet, und zwar mit ebenso viel Begeisterung wie sie "der Metzger für sein Fleisch" hegt. In den Sommermonaten speist man im Freien an langen Picknicktischen.
19 kenmare street, www.thebutchersdaughter.com, telefon: 212 2193434, geöffnet: mo-do & so 8.00-22.00, fr-sa 8.00-23.00, preis: 11 $, u-bahn j, z bowery

(17) Das **Salud** gehört einer ehemaligen Art-Direktorin des Modemagazins Elle. Sie hat es sich zur Aufgabe gemacht, ihre Landsleute für gesunde Kost zu begeistern. Bei der Zubereitung der südamerikanisch angehauchten Gerichte werden ausschließlich Zutaten aus ökologischem Anbau verwendet.
107 thompson street, www.saludnyc.com, telefon: 646 3988615, geöffnet: mo-fr 9.00-23.00, sa 10.00-23.00, so 10.00-22.00, preis: 9 $, u-bahn a, b, c, d, f, m w4th st und 1 christopher st

THE BUTCHER'S DAUGHTER ⑧

⑲ Im Health-Café und Restaurant **Ellary's Greens** bringt die Besitzerin nur Gerichte auf den Tisch, die sie in der eigenen Familie erprobt hat. Auch Vegetarisches, Veganes oder Glutenfreies finden Sie auf der Karte. Die Fensterplätze sind beliebt, vor allem im Sommer.
107 thompson street, www.ellarysgreens.com, telefon: 646 398 8615, geöffnet: mo-fr 9.00-23.00, sa 10.00-23.00, so 10.00-22.00, preis: 15 $, u-bahn a, b, c, d, f, m w 4th st und 1 christopher st

⑳ **Prodigy Coffee** bietet guten und fair gehandelten Kaffee und eine kleine aber feine Kuchenauswahl. Die Plätze sind allerdings rar in dem kleinen Café.
33 carmine street, www.prodigycoffee.com, telefon: 212 4144142, geöffnet: mo-fr 7.00-19.00, sa-so 8.00-19.00, preis: kaffee ab 2,50 $, u-bahn a, b, c, d, e, f w 4th st

㉕ Bei **Wilfie & Nell** im West Village geht es leger zu und meist hoch her, an den Wochenenden oft bis weit nach Mitternacht. Wer zeitig kommt und Glück hat, ergattert einen Sitzplatz an der Bar, ansonsten steht man, kommt aber dafür umso leichter mit anderen Gästen ins Gespräch.
228 west 4th street, www.wilfieandnell.com, telefon: 212 2422990, geöffnet: mo-mi 16.00-3.00, do-fr 16.00-4.00, sa-so 12.00-4.00, preis: 9 $, u-bahn 1, 2 christopher st und a, b, c, d, e, f, m w 4th st

㉖ Die frischen, hellen Blautöne in **Mary's Fish Camp** vermitteln einem das Gefühl, nicht in einer Millionenstadt zu sein, sondern in einem Küstenort. Die Fischkarte ist üppig, und montags bekommt man für zwanzig Dollar zum Essen noch eine Flasche Wein – für New York ein absolutes Supersonderangebot!
64 charles street, www.marysfishcamp.com, telefon: 646 4862185, geöffnet: mo-sa 12.00-15.00 & 18.00-23.00, preis: 23 $, u-bahn 1, 2 christopher st und a, b, c, d, e, f, m w 4th st

㉙ Die **Aria Wine Bar** ist nicht nur für ihre große Auswahl edler Weine bekannt, sondern auch für ihre ausgezeichnete italienische Küche. Speisen können Sie entweder am Bartresen oder an einem der Holztische und dabei das rustikale Ambiente genießen. Früh dran sein empfiehlt sich, es ist immer viel los.
117 perry street, telefon: 212 2424233, geöffnet: mo-do & so 12.00-23.30, fr-sa 12.00-0.30, u-bahn 1 christopher st, u-bahn 1, 2, 3 14th st

㉜ Unter der High Line befindet sich ein ganzjährig geöffneter **Biergarten**, der bei den Bewohnern der Gegend und bei Touristen sehr beliebt ist. Wenn die Energie noch reicht, kann man auch eine Runde Tischtennis spielen.
848 washington street, www.standardhotels.com, telefon: 212 645 4646, geöffnet: mo-mi 16.00-1.00, do-fr 14.00-2.00, sa 12.00-2.00, so 12.00-1.00, preis: 8 $, u-bahn a, c, e 14th st und l 8 av

㉝ **Le Bain** ist eine beliebte Bar auf einer Dachterrasse. Unter der Woche findet man aber meistens einen Platz, an Wochenenden nur schwer. Mit etwas Glück erspähen Sie vielleicht sogar eine berühmte Persönlichkeit.
848 washington street, im the standard hotel, www.standardhotels.com, telefon: 212 6454646, geöffnet: mo 16.00-0.00, di-do 16.00-4.00, fr-sa 14.00-4.00, so 14.00-3.00 preis: getränke ab 12 $, u-bahn a, c, e 14th st und l 8th av

CHELSEA MARKET ㉟

㉟ Am **Chelsea Market** in der ehemaligen Fabrikhalle, in der Oreo-Kekse hergestellt wurden, kann man heute köstlich speisen und ausgiebig bummeln. Möglichkeiten gibt es genug. Unser Tipp: die *lobster roll* im Lobster Place. Setzen Sie sich zum Essen einfach irgendwohin und beobachten Sie die Menschen. Kein Tisch mehr frei? Dann nehmen Sie Ihr Essen eben mit und setzen sich auf eine Bank im "Hochpark" The High Line. *75 ninth avenue, www.chelseamarket.com, telefon: 888 7277887, geöffnet: mo-sa 7.00-21.00, so 8.00-20.00, u-bahn a, c, e 14th st*

④ **LE LABO**

Shoppen

① Schon die ausgefallene Schaufensterbeleuchtung ist Grund genug, bei **Love, Adorned** vorbeizuschauen. Wer besonderen Schmuck, Deko für zu Hause, Körperpflegeprodukte oder Kunst sucht, wird in diesem herrlichen Laden bestimmt fündig.
269 elizabeth street, www.loveadorned.com, telefon: 212 4315683, geöffnet: täglich 12.00-20.00, u-bahn b, d, f, m broadway-lafayette

③ Die Kollektion von **Thomas Sires** ist auf jeden Fall ungewöhnlich, so viel ist sicher. In dieser geräumigen Boutique mit gekalkten Wänden findet man unter anderem japanische Bettwäsche, hippe Kinder- und Damenkleidung und schönes Spielzeug. Die Sachen aus Peru sind einzigartig und angesagt.
243 elizabeth street, www.thomassires.com, telefon: 646 6924472, geöffnet: mo-sa 12.00-19.00, so 12.00-18.00, u-bahn b, d, f, m broadway-lafayette

④ In der Parfümerie **Le Labo** wähnt man sich in einem "Laboratorium der Düfte". Das Mobiliar besteht aus alten Werkbänken und Wandregalen voller Essenzen und Parfums. Man beschränkt sich nicht auf den Verkauf der Eigen-kreationen des Hauses, sondern stellt auf Kundenwunsch auch individuelle Düfte zusammen – aus natürlichen Ingredienzien, versteht sich. Und das Tüpfelchen auf dem i: Sie können den Flakon mit Ihrem Namen personali-sieren lassen. Ebenfalls im Sortiment sind "Stadtdüfte": Sie spiegeln den Charakter der Städte, in denen Le Labo Niederlassungen betreibt, allen voran natürlich New York.
233 elizabeth street, www.lelabofragrances.com, telefon: 212 2192230, geöffnet: mo-sa 12.00-19.00, so 12.00-18.00, u-bahn f 2 ave und j bowery

⑦ Goldschmiedin **Erica Weiner** hat ihr Hobby zum Beruf gemacht: 2006 verließ sie ihren Arbeitsplatz in der Küche und eröffnete einen Laden, in dem sie allerlei alten und neuen Schmuck anbietet. Unzählige originelle Ketten und Ringe sind mit viel Liebe in dem charmanten Laden ausgestellt.
173 elizabeth street, www.ericaweiner.com, telefon: 212 3346383, geöffnet: di-so 12.00-20.00, u-bahn 6 spring st und j bowery

㉒ GREENWICH LETTERPRESS

⑩ Mit "nur" zwei Etagen gehört **McNally Jackson Books** gewiss nicht zu den größten Buchhandlungen New Yorks, aber durchaus zu den am besten sortierten. Das erklärt, wieso die Inhaberin den Laden "Manhattans Zentrum der Literaturwelt " nennt. Hier kann man auf einem Sofa liegend in einer Zeitschrift oder einem Buch blättern oder im hauseigenen Café köstlichen Kaffee, ein Sandwich oder ein Stück Quiche genießen.

52 prince street, www.mcnallyjackson.com, telefon: 212 2741160, geöffnet: mo-sa 10.00-22.00, so 10.00-21.00, u-bahn b, d, f, m broadway-lafayette und n, r prince st

(11) Als Surferparadies hat sich New York noch nicht hervorgetan, aber einen Surfshop gibt es dennoch. Das Besondere an **Saturdays Surf** ist die einmalige Mischung: Denn außer Surfzubehör gibt es Kunst, Bücher, Kleidung, Accessoires und sogar eine Espressobar. Die tolle Terrasse im Garten ist eine Oase der Ruhe, auf der man sich wunderbar mit einem Espresso zurückziehen kann.

31 crosby street, www.saturdaysnyc.com, telefon: 212 9667875, geöffnet: mo-fr 8.30-19.00, sa-so 10.00-19.00, u-bahn j, n, q, z, 6 canal st und 6 spring st

(14) Wer eine typisch amerikanische Baseballmütze erstehen will, wird hier mit Sicherheit fündig. Der **Hat Club** präsentiert in wandhohen Regalen eine nie gesehene Auswahl von Caps, zum Teil renommierter Labels und natürlich auch mit den Logos bekannter Baseballmannschaften. Fast schon wie in einem Museum.

103 mercer street, www.hatclub.com, telefon: 212 3343477, geöffnet: mo-sa 11.00-19.00, so 12.00-18.00, u-bahn 6 spring st

(16) **Kate Spade Saturday** kann man eigentlich nicht verfehlen, denn das gelbe Interieur leuchtet schon von Weitem. Schon allein das macht gute Laune, aber noch mehr Spaß macht es, aus dem farbenfrohen Angebot etwas Passendes fürs Wochenende auszusuchen, ob Kleidung, ein verrücktes Accessoire oder eine Reisetasche.

152 spring street, www.saturday.com, telefon: 212 3313123, geöffnet: mo-sa 11.00-20.00, so 11.00-19.00, u-bahn 6 spring st

(22) Egal, zu welchem Anlass Sie ein Geschenk suchen: Bei **Greenwich Letterpress** werden Sie bestimmt fündig. Dieser etwas altmodisch wirkende Laden führt eine riesige Postkartenauswahl und Gegenstände aus Papier, die Sie in einer durchschnittlichen Papierabteilung vergeblich suchen werden! Die Karten sind fast ausnahmslos eigene Entwürfe und werden im Hochdruckverfahren hergestellt, einem klassischen Druckverfahren, das wieder *en vogue* ist.

39 christopher street, www.greenwichletterpress.com, telefon: 212 9897464, geöffnet: mo 13.00-18.00, di-fr 11.00-19.00, sa-so 12.00-18.00, u-bahn 1 christopher st

(23) Der Concept-Store **Personnel of New York** führt neben hochwertiger Kleidung für Damen und Herren auch Schmuck und Lifestyleprodukte. Das Geschäft gehört einem Paar, das beim Zusammenstellen des Sortiments gern auf Entwürfe befreundeter New Yorker Designer zurückgreift. Sehenswert ist auch die Art-déco-Fassade des Gebäudes.

9 greenwich avenue, www.personnelofnewyork.com, telefon: 212 9240604, geöffnet: mo-sa 11.00-20.00, so 12.00-19.00, u-bahn 1, 2 cristopher st und a, b, c, d, e, f, m w 4th st

(24) Asiatische Luxushotels verwöhnen ihre Gäste schon seit längerer Zeit mit exklusiven Körper- und Haarpflegeprodukten der Marke **Aesop**. Diese kann man inzwischen weltweit erstehen, selbstverständlich auch in New York. Jedes Geschäft ist individuell und trendy eingerichtet, wobei gedeckte Farbtöne vorherrschen – sie spiegeln die Naturverbundenheit des Beautylabels.

341 bleecker street, www.aesop.com, telefon: 212 8993359, geöffnet: täglich 11.00-19.00, u-bahn 1, 2, 3, a, b, d, e, f, m christopher st

(28) Designer Marc Jacobs ist ein gebürtiger New Yorker und der Inhaber diverser Läden in West Village. In dem kleinen Geschäft **Marc Jacobs Men** verkauft er eine erlesene Männermodekollektion. Etwas weiter vorn in der Straße liegt **BookMarc**, eine Buchhandlung mit dem Schwerpunkt Modebücher, Zeitschriften, Schulsachen, Büroartikel und Accessoires.

marc jacobs men 382 bleecker street, bookmarc 400 bleecker street, www. marcjacobs.com, telefon: 212 9290304, geöffnet: so-sa 12.00-20.00, u-bahn 1 christopher st

(30) Wenn Ihnen plötzlich viele Leute mit kleinen, weißen Pappschächtelchen entgegenkommen, dann sind Sie wahrscheinlich nicht mehr weit von der **Magnolia Bakery** entfernt. In diesen Schachteln verstecken sich herrliche, zuckersüße Cupcakes, die ihren Ruhm der Fernsehserie *Sex and the City* verdanken. Seitdem gibt es einen enormen Ansturm auf die Bäckerei. Keine Lust auf einen Cupcake? Dann probieren Sie den köstlichen Bananenpudding.

401 bleecker street, www.magnoliabakery.com, telefon: 212 4622572, geöffnet: mo-do 11.00-23.30, fr-sa 9.00-0.30, so 9.00-23.30, preis: cupcake 3,25 $, u-bahn a, c, e, l 14th street und 1 christopher st

THOMAS SIRES ③

New York live

(18) Von Fellini bis Fassbinder – im **Film Forum** bleibt kein kineastischer Wunsch offen. Dieses Kino gehört zu den besten seiner Sorte für ausländische Filme und Dokumentationen.

209 west houston street, bei varick street, www.filmforum.org, telefon: 212 7278110, geöffnet: täglich 12.30-23.30, eintritt: 13 $, u-bahn 1 houston st

(21) Ein gewalttätiger Aufstand im **Christopher Park** im Juni 1969 war Startschuss für den Kampf der Homosexuellen für gleiche Rechte. Seitdem stehen der Park und die Umgebung als Symbol für die Homo-Emanzipation. Der Park mit seinem Denkmal eignet sich hervorragend zum Relaxen und in der näheren Umgebung, vor allem in der Christopher Street, gibt es zahlreiche Homo-Bars und kleine Läden.

7th avenue und christopher street, u-bahn 1 christopher st/sheridan sq

(34) Als ob man auf einem gigantischen Laufsteg quer durch die Stadt wandert – so fühlt sich ein Spaziergang durch **The High Line** an. Denn der Park zwischen der Gansevoort Street und West 35th Street ist auf einer alten Zugtrasse in zehn Metern Höhe angelegt. Genießen Sie die atemberaubende Aussicht auf den Hudson River, die alten Lagerhäuser und Manhattans Straßen.

von gansevoort street bis 34th street, zwischen 10th und 11th avenue, www.thehighline.org, telefon: 212 5006035, geöffnet: täglich 7.00-22.00, eintritt: frei, u-bahn a, c, e, l 8th av/14th st

THE HIGH LINE ㉞

NoLita, SoHo, West Village & High Line

S P A Z I E R G A N G 2 (ca. 8 km)

Los geht es in der Elizabeth Street ① ② ③ ④. Bei der Prince Street links abbiegen zum New Museum ⑤. Dann zurück in die Elizabeth Street mit einem Michelin-Restaurant ⑥, einem Schmuckgeschäft ⑦ und einer Juicebar ⑧. Nach rechts in die Kenmare Street einbiegen und links in die Mott Street. Anschließend rechts in die Grand Street zum Italian American Museum ⑨. Dann nach rechts, die Mulberry Street entlang. An der Prince Street nach links für Lektüre ⑩ und wieder links in die Crosby Street ⑪. Von dort rechts in die Grand Street. Den Broadway überqueren und rechts in die Mercer Street. Noch einmal rechts in die Spring Street und gleich wieder links auf den Broadway ⑫. Anschließend zweimal links, erst in die Prince Street, dann in die Mercer Street ⑬, wo es Basballcaps gibt ⑭. In der Spring Street rechts ab und die Gusseisen-Architektur der Greene Street bewundern ⑮. Ein Shopping-Tipp ist ⑯. Gehen Sie rechts in die Thompson Street für einen Drink ⑰. Von hier aus nach links in die West Houston Street zum Film Forum ⑱. Weiter nach rechts in die Varick Street, wieder rechts in die Downing Street und links in die Bedford Street. Biegen Sie rechts in die Carmine Street ab, um sich mit einem Veggie-Snack ⑲ zu stärken oder Kaffee zu trinken ⑳. Anschließend links in die Bleecker Street, rechts in die 7th Avenue South und weiter zum Christopher Park ㉑. Jenseits des Parks gibt es hübsche Karten ㉒. Weiter zur Greenwich Avenue, wo Sie links shoppen können ㉓. Dann gleich links in die West 10th Street Richtung West Village. In der 7th Avenue South links ab, am Park die Straße überqueren und die Christopher Street entlang. Dann rechts in die Bleecker Street ㉔ und wieder rechts in die West 10th Street für einen Drink ㉕; soll es ein Fishburger ㉖ sein, dann links in die West 4th Street. Anschließend nach links zu Carrie Bradshaws Wohnsitz ㉗ und weiter nach links in die Bleecker Street ㉘, oder die Perry Street ein Stück entlang für einen Imbiss ㉙. In der Bleecker Street ist die Magnolia Bakery ㉚. Überqueren Sie die Straße zur Bethune Street. Dann rechts in die Washington Street und zum Meatpacking District. Sehenswert ist das Museum ㉛ in der Little West 12th Street. Ausruhen im Biergarten ㉜ oder auf der Dachterrasse ㉝. Weiter geht es über die High Line ㉞ zum Chelsea Market ㉟.

Central Park, Times Square & Union Square

Großstadtlichter, Entertainment, schicke Läden und schöne Parks

New York ist weltberühmt – und Bilder der Stadt hat jeder sofort vor Augen. Da wären der überwältigende Times Square, auf dem gelbe Taxis unter riesigen Bildschirmen und Neonleuchtreklamen umherschwirren, das Empire State Building mit seiner atemberaubenden Aussicht über die Stadt sowie die berühmte Shoppingmeile Fifth Avenue. Oder auch das Flatiron Building, das Museum of Modern Art (MoMA), die Radio City Music Hall und den Central Park, Kulisse für viele Kinofilme und Fernsehserien.

Erstklassige Unterhaltung bestimmt seit über 100 Jahren die Anziehungskraft des Viertels rund um den Times Square – von der Oper über die Komödie bis hin zu den berühmten Musicals. In den 60er und 70er Jahren konnte man hier fast an jeder Ecke zocken oder eine Erotikshow besuchen. Die Veränderung, die dann stattfand, wird von New Yorkern auch "Disneyfizierung" genannt. Große Betriebe kauften Immobilien und schufen eine gehobene Atmosphäre mit lukrativen Musiktheatern, Spielhallen und Megashops.

3

Der Broadway durchschneidet den Times Square von Nord nach Süd und ist die Straße, an der die berühmten Theater angesiedelt sind. Hier werden die großen Shows wie *Mathilda, König der Löwen*, *Chicago* und *Rock of Ages* gezeigt. Viele Theater bieten immer wieder vergünstigte Eintrittspreise. Für Besucher der schicken Fifth Avenue ist Shoppen die Hauptbeschäftigung. Auf diesem Boulevard gibt es zwischen der 60th Street und der 34th Street zahlreiche Luxusgeschäfte, aber auch die großen Flagship-Stores von Apple und Abercrombie & Fitch – erkennbar an den langen Schlangen.

Im Süden liegt Gramercy Park, der einzige Park New Yorks, der ausschließlich für die Anwohner zugänglich ist. Auf dem Union Square treffen Uptown und Downtown aufeinander: Hier ist immer eine Menge los. Spielen Sie doch mal eine Runde Schach mit einem Unbekannten oder betrachten Sie die Arbeiten einheimischer Künstler! Rings um den Platz gibt es viele gute Bars und Restaurants. Union Square ist außerdem berühmt für seinen ökologischen Green Market.

6 Insider-Tipps

Rockefeller Center

Vom "Top of the Rock" aus die atemberaubende Aussicht genießen.

230 Fifth

Auf dem Dach einen Cocktail mit Aussicht trinken.

Grand Central Terminal

Die aus zahllosen Filmen bekannte imposante Bahnhofshalle besichtigen.

Dover Street Market

In einer Riesenauswahl exklusiver Kleidung schwelgen.

Shake Shack

Die besten Hamburger der Stadt im Madison Square Park probieren.

Times Square

Bei TKTS Booth günstige Karten für eine Broadway-Show erwerben.

Sehenswürdigkeiten

Shoppen

Essen & Trinken

New York live

Sehenswürdigkeiten

(1) Das **Museum of Arts and Design (MAD)** ist ein großes Museum mit einer spektakulären Sammlung, die über 2000 Objekte aus den Bereichen Mode, Design und Schmuck umfasst. Die radikale Renovierung des Gebäudes machte das Museum berühmt-berüchtigt: Die Architektur, insbesondere die enormen Fensterrahmen in Form eines H und eines I, wurde von Kritikern zerrissen. Schön oder hässlich – vom Restaurant in der neunten Etage bietet sich Ihnen eine tolle Aussicht auf den Central Park.

2 columbus circle, www.madmuseum.org, telefon: 212 2997777, geöffnet: di-mi & sa-so 10.00-18.00, do-fr 10.00-21.00, eintritt: 16 $, u-bahn 1, a, b, c, d columbus circle

(3) Dem **Plaza Hotel** haben schon unzählige Berühmtheiten die Ehre erwiesen. So stieg auch Frank Lloyd Wright hier ab, während er mit der Fertigstellung des Guggenheim Museum beschäftigt war. Die nördlich gelegenen Zimmer bieten eine herrliche Aussicht auf den Central Park. Wer einigermaßen anständig angezogen ist, darf sich in der Lobby umschauen, die schon einige Male als Filmkulisse diente. Gleich um die Ecke ist der Eingang zur Foodplaza, einer Markthalle, in der Ihnen die Augen übergehen werden!

768 5th avenue, www.theplaza.com, telefon: 212 7593000, lobby öffentlich zugänglich, u-bahn n, q, r lexington av/59th st und 4, 5, 6 59th st

(4) Der Immobilienmogul Donald Trump nennt seine imposanten Gebäude gerne nach sich selbst, so auch den **Trump Tower** auf der 5th Avenue. Bei der Eröffnung 1983 waren die Appartements sehr begehrt, da sie als Symbol für den American Dream galten.

725 5th avenue, in 56th street, www.trump.com, lobby und dachterrasse öffentlich zugänglich, u-bahn n, r 5th av/59th st

(6) Ein Stück der **Berliner Mauer** steht heute in Midtown Manhattan. Gönnen Sie sich eine kurze Pause an einem der zahlreichen Tische.

west 53rd street, zwischen madison und 5th avenue, u-bahn e, m 5th av/ 53rd st

(7) Das weltberühmte **Museum of Modern Art (MoMA)** beherbergt eine großartige und repräsentative Sammlung zeitgenössischer Kunst. Staunen Sie über Hubschrauber an der Decke, ausgediente Computer, Picassos Arbeiten und moderne Videokunst. Ebenfalls sehenswert: der **MoMA Design Store**.

11 west 53rd street, zwischen 5th und 6th avenue, www.moma.org, telefon: 212 7089400, geöffnet: sa-mo & mi-do 10.30-17.30, fr 10.30-20.00, di geschlossen, eintritt: 25 $, u-bahn e, m 5th av/53rd st und b, d, e 7th av

(8) Im **Paley Center for Media** gibt es die Geschichte von Fernsehen und Radio zum Sehen und Hören! Wie wär's mit einem Sinatra-Konzert, der ersten Folge von Star Trek oder einem Dokumentarfilm?

25 west 52nd street, zwischen 5th und 6th avenue, www.paleycenter.org, telefon: 212 6216800, geöffnet: mi 12.00-18.00, do 12.00-20.00, fr-so 12.00-18.00, eintritt: 10 $, u-bahn e, m 5th av/53rd st, und b, d, f, m 47th-50th st/ rockefeller ctr

(9) Die überwältigende **St. Patrick's Cathedral** ist die größte, im gotischen Stil erbaute Kathedrale der Vereinigten Staaten. Sie wurde 1879 errichtet und fasst bis zu 2000 Menschen. Sehr sehenswert sind die Tiffany-Altäre, die Bleiverglasung und die Pietà (Maria mit dem Leichnam Jesu).

14 east 51st street, in 5th avenue, www.saintpatrickscathedral.org, telefon: 212 753226, geöffnet: täglich 6.30-20.45, eintritt: frei, u-bahn e, m 5th av/ 53rd st und b, d, f, m 47th-50th st/rockefeller ctr

(11) Im Jahr 1928 ließ der Multimillionär und Ölbaron John D. Rockefeller sein **Rockefeller Center** errichten, einen Bürokomplex mit öffentlichen Promenaden. Im Winter kann man unter einem gigantischen Weihnachtsbaum Schlittschuh laufen. Verpassen sollten Sie auf keinen Fall das 30 Rockefeller Plaza, auch genannt "Top of the Rock". Von hier aus ist die Sicht auf das Empire State Building und den Central Park einfach grandios.

5th bis 7th avenue, 47th bis 51st street, www.rockefellercenter.com, telefon: 212 6927625, geöffnet: täglich 8.00-0.00, eintritt für top of the rock: 29 $, u-bahn e, m 5th av/53rd st, und b, d, f, m 47th-50th st/rockefeller ctr

⑬ Der **Times Square** mit seinen Abertausenden Lichtern, riesigen Leucht-
reklamen und dem hektischen Treiben ist das pulsierende Herz New Yorks.
Bei **TKTS Booth** unter der roten Treppe gibt es Eintrittskarten für Broadway-
und Off-Broadway-Shows sowie Tanzvorstellungen und Konzerte – teils bis
zur Hälfte günstiger als normal. Tipp: Wer früh kommt, muss nicht so lange
anstehen.

broadway und 7th avenue, zwischen 42nd und 47th street, www.tdf.org,
telefon: 212 7681560, geöffnet: mo & do-fr 15.00-20.00, di 14.00-20.00, mi &
sa 10.00-20.00, so 11.00-15.00, u-bahn n, q, r, s, 1, 2, 3, 7 times sq/42nd st

㉑ EMPIRE STATE BUILDING

⑭ Das **International Center of Photography** ist immer einen Besuch wert. Dort finden regelmäßig hervorragende Fotoausstellungen von Künstlern aus aller Welt statt.

1133 6th avenue, höhe 43rd street, www.icp.org, telefon: 212 8570000, geöffnet: di-do & sa-so 10.00-18.00, fr 10.00-20.00, eintritt: 14 $, u-bahn b, d, f, m 42nd st/bryant pk

(16) Die wichtigste Filiale der **New York Public Library** heißt offiziell Stephen A. Schwarzman Building und wurde 1911 eröffnet. In den 1930er-Jahren gab Bürgermeister Fiorelli LaGuardia den beiden Marmorlöwen vor dem Gebäude die Namen "Patience" (Geduld) und "Fortitude" (Beständigkeit). Seiner Meinung nach sollten diese Eigenschaften den New Yorkern helfen, die Wirtschaftskrise zu überstehen.

5th avenue, höhe 42nd street, www.nypl.org, telefon: 917 2756975, geöffnet: mo, fr-sa 10.00-18.00, di-mi, do 10.00-20.00, eintritt: frei, u-bahn n, q, r, s, 1, 2, 3 times sq/42nd st, b, d, f, m 42nd st, 7 5th av, und s, 4, 5, 6 grand central/ 42nd st

(17) **Grand Central Terminal** ist ein Meisterwerk im Beaux-Arts-Stil und ein Symbol für die Romantik einer Bahnreise. Am 30. November beginnt immer die spektakuläre Holiday Laser Light Show. Sechs Wochen lang wird dann eine weihnachtliche Lichtshow an die Decke der Haupthalle projiziert.

87 east 42nd street, zwischen madison und lexington avenue, www. grandcentralterminal.com, telefon: 212 3402583, geöffnet: täglich 5.30-2.00, u-bahn s, 4, 5, 6, 7 grand central/42nd st

(19) Das **Chrysler Building** ist die Krönung des Werkes von Autogigant Walter P. Chrysler. An diesem 319 Meter hohen Gebäude gibt es innen und außen viele industrielle Motive zu entdecken: Radkappen, Kotflügel und Wasserspeier in Form von Heizkörperreglern. Ein außergewöhnliches Art-déco-Monument!

405 lexington avenue, zwischen 42nd und 43rd street, nicht öffentlich zugänglich, u-bahn s, 4, 5, 6, 7 grand central/42nd st

(20) Die interessante Sammlung, die Sie in **The Morgan Library & Museum** bewundern können, kommt aus dem Privatbesitz des steinreichen Bankiers und Kunstsammlers John Pierpont Morgan. Elf Jahre nach seinem Tod im Jahr 1924 wurde sie der Öffentlichkeit zugänglich gemacht. Unter den Exponaten finden sich alte Handschriften, Drucke, Bücher und Schrifttafeln aus dem Nahen Osten.

225 madison avenue, höhe 36th street, www.themorgan.org, telefon: 212 6850008, geöffnet: di-do 10.30-17.00, fr 10.30-21.00, sa 10.00-18.00, so 11.00-18.00, eintritt: 18 $, u-bahn 6 33rd st, und s, 4, 5, 6, 7 grand central

28 FLATIRON BUILDING

(21) Das **Empire State Building** ist das Ergebnis einer Wette zwischen den Direktoren von General Motors und Chrysler, die jeweils das höchste Gebäude der Welt bauen wollten. Der stiftförmige Wolkenkratzer wurde im Jahr 1931 eröffnet und bietet aus der 86. Etage eine phänomenale Aussicht.
350 5th avenue, zwischen 33rd und 34th street, www.esbnyc.com, telefon: 212 7363100, geöffnet: täglich 8.00-2.00 (letzter aufzug um 1.15), eintritt: 29 $, u-bahn 1, 2, 3 34th st/penn station, und b, d, f, n, q, r 34th st/herald sq

(28) Das 1902 gebaute **Flatiron Building** sollte Teil eines neuen Geschäftsbezirks nördlich der Wall Street werden. Die außergewöhnliche Form des Gebäudes ahmt exakt das bügeleisenförmige Grundstück nach.
175 5th avenue, in 23rd street, nicht öffentlich zugänglich, u-bahn n, r 23rd st

(29) Theodore Roosevelt, der 26. US-Präsident, wohnte in jungen Jahren in der 20th Street. Für Geschichtsinteressierte und Roosevelt-Fans gibt es hier den **Theodore Roosevelt Birthplace**, eine Nachbildung seines Geburtshauses.
28 east 20th street, zwischen broadway und park avenue, www.nyharborparks.org/visit/thro.html, telefon: 212 2601616, geöffnet: di-sa 10.00-17.00, führungen: jede volle stunde, eintritt: frei, u-bahn 6, n, r 23rd st

(32) **Gramercy Park** ist der einzige Privatpark New Yorks. Zugänglich ist er nur für die Anwohner, die einen Schlüssel haben. Im 19. Jahrhundert waren die Häuser am Park den Bedürftigen vorbehalten. Die Appartements an der **34 Gramercy Park East** bekamen deshalb den Namen "French Apartments", damit sie sich von den Arbeiterwohnungen abheben. Gönnen Sie sich einen Drink auf der prächtigen Terrasse des Gramercy Park Hotels!
20th street, östlich der park avenue, nicht öffentlich zugänglich, u-bahn 6 23rd st

Essen & Trinken

(2) Auf den ersten Blick erscheint das Le Parker Meridien Hotel etwas langweilig. Doch ist man erst einmal in der Lobby, entdeckt man hinter einem roten Vorhang ein tolles Hamburger-Lokal im Retro-Stil namens **Burger Joint**. Noch treffender wäre die Beschreibung *underground concept*. Die angebotenen Speisen sind einfach, aber lecker: Hamburger oder Cheeseburger.
119 west 56th street, www.parkermeridien.com/eat4.php, telefon: 212 7087414, geöffnet: so-do 11.00-23.30, fr-sa 11.00-0.00, preis: burger ab 9 $ (nur barzahlung), u-bahn n, q, r 57th st/7th av und f 57th st

(5) In der trubeligen Lexington Avenue lockt frischer Kaffeeduft zu einer kleinen Pause in die Espressobar **Little Collins**. Hier bekommt man nicht nur besten Espresso, sondern noch viele weitere Kaffeespezialitäten mit (man staune!) frischer Landmilch. Für den kleinen Hunger empfiehlt sich *The Smash*: ein würziger Avocado-Feta-Mix auf Toast.
667 lexington avenue, www.littlecollinsnyc.com, telefon: 212 3081969, geöffnet: mo-fr 7.00-18.00, sa-so 9.00-16.00, preis: 10 $, u-bahn e, m lexington av/53th st

(18) **Campbell Apartment** ist eine stilvoll-romantische Bar, versteckt im Herzen des Grand Central Terminal. Alle Leute, die nach Feierabend hier auftauchen, sind *dressed to impress.* Am Wochenende ist das Publikum gemischter, aber mit Sneakers kommt hier niemand rein.
grand central terminal, bei southwest balcony, www.hospitalityholdings.com, telefon: 212 9530409, geöffnet: mo-do 12.00-1.00, fr-sa 12.00-2.00, so 12.00-0.00, preis: drink 14 $, u-bahn s, 4, 5, 6, 7 grand central/42nd st

(23) Die erste Niederlassung von **Stumptown Coffee Roasters** ist im beliebten Ace Hotel zu Hause. Fast nur bekannt bei Künstlern und Kaffeekennern, hat diese Kaffeemarke nur wenige Dependancen in den Vereinigten Staaten. Bestellen Sie einfach einen Kaffee und genießen Sie ihn in der prachtvollen Hotellobby. Die Bohnen sind erstklassig, also sollten Sie hier keinen Frappuccino oder ähnliche Kreationen erwarten. Zubereitet wird der Kaffee von coolen Baristas nach allen Regeln der traditionellen Kaffeekunst.
18 west 29th street, www.stumptowncoffee.com, geöffnet: mo-fr 6.00-20.00, sa-so 7.00-20.00, preis: kaffee ab 3,40 $ (nur barzahlung), u-bahn n, r 28th st

BURGER JOINT ②

㉔ Der Name der **John Dory Oyster Bar** ist zwar Programm, doch nicht ausschließlich. Auf der Speisekarte finden sich auch andere Meeresfrüchte. Eine Spezialität des Hauses ist die *Jdob Lobster Roll*, ein Hummerbrötchen vom Feinsten. Ob Austern oder etwas anderes – lassen Sie es sich einfach schmecken, in einem fantasievoll gestalteten Ambiente, das übrigens vom gleichen Innenarchitekten stammt wie die Einrichtung des Ace Hotels und des Restaurants The Dutch.

1196 broadway, 29th street, www.thejohndory.com, telefon: 212 7929000, geöffnet: mo-do & so 12.00-0.00, fr-sa 12.00-2.00, preis: 21 $, u-bahn n, r 28th st

(25) Vom palmenbepflanzten Dach der **230 Fifth** haben Sie eine tolle Aussicht auf das Empire State Building und die Stadt. Wie geschaffen für einen unvergesslichen Abend! Im Winter können Sie die schöne Aussicht und die einzigartige Atmosphäre eine Etage tiefer, in der Lounge, genießen.

230 5th avenue, in 27th street, www.230-fifth.com, telefon: 212 7254300, geöffnet: täglich 16.00-4.00 (zugang erst ab 21 j.), preis: 16 $, cocktails ab 14 $, u-bahn 6 33rd st, und b, d, f, m 34th st/herald sq

(27) Für Burger-Fans ist **Shake Shack** ein Muss. Es gibt zwar noch einige andere Shacks in der Stadt, aber angefangen hat alles hier im Madison Square Park. Für einen Hamburger von Shack stellen sich New Yorker gern eine Stunde lang an. Über eine Webcam kann man mit verfolgen, wie lang die Schlange ist. Machen Sie auch einen Spaziergang durch den Park!

madison square park, ecke madison avenue/east 23rd street, www.shakeshack.com, telefon: 212 8896600, geöffnet: täglich 11.00-23.00, preis: 13 $, u-bahn n, r, 6 23rd st

(33) Rohkost ist bei den New Yorkern derzeit in. Daher verwundert es nicht, dass das luxuriöse, auf Rohkost spezialisierte Restaurant **Pure Food and Wine** seit dem Tag seiner Eröffnung großen Zulauf hat. Was hier auf den Tisch kommt, ist nicht nur ästhetisch angerichtet, sondern schmeckt auch hervorragend. Wenn das Wetter es zulässt, kann man im ruhigen begrünten Hinterhof speisen, am Abend bei stimmungsvoller Beleuchtung.

54 irving place, www.purefoodandwine.com, telefon: 212 4771010, geöffnet: mo-so 12.00-16.00 & 17.30-23.00, preis: 24 $, u-bahn n, r, o, l, 4, 5, 6 15th st/ union sq

(34) Anders als der Name vermuten lässt, gibt es hier durchaus mehr als nur Kaffee. In **The Coffee Shop**, der an manchen Tagen fast rund um die Uhr geöffnet ist, gibt es sogar ein üppiges *american diner* für verhältnismäßig wenig Geld. Neben *scrambled eggs* können Sie auch andere leckere Gerichte genießen. Das Lokal ist auch als Bar sehr beliebt, in der man sich nach der Arbeit auf einen Drink oder einen kleinen Snack trifft.

29 union square west, www.thecoffeeshopnyc.com, telefon: 212 2437969, geöffnet: mo 7.00-2.00, di 7.00-4.00, mi-fr 7.00-5.30, sa 8.00-5.30, so 8.00-2.00, preis: 17 $, u-bahn l, n, q, r, 5, 6, union sq

STUMPTOWN COFFEE ROASTERS ㉓

㊱ Für ein Abendessen im luxuriösen venezianischen Restaurant **All'onda** sollten Sie sich ausreichend Zeit nehmen. Dass es ein wenig versteckt hinter dem Union Square liegt, tut seiner Beliebtheit keinen Abbruch. Bei der Einrichtung sind schwedisches Design und New Yorker Loftstil eine glückliche Verbindung eingegangen. Besonders zu empfehlen: Thunfisch und Agnolotti. *22 east 13th street, www.allondanyc.com telefon: 212 2312236, geöffnet: mo-fr 11.30-14.30 & 17.30-23.00, sa-so 17.30-23.00 (juli-sept. so geschlossen), preis: 30 $, u-bahn n, r, o, l, 4, 5, 6 15th st/union sq*

Shoppen

(10) Viele Frauen in New York sind so im Stress, dass ihnen die Zeit fehlt, für ein neues Kleidungsstück Märkte oder Vintage-Läden abzuklappern. Stattdessen gehen sie zu **Anthropologie**, einem concept store mit toller, sehr femininer Kleidung sowie Bettwäsche und Wohnaccessoires. Tipp: Schauen Sie sich unbedingt die Schaufenster an, denn das Personal lässt sich immer wieder etwas Besonderes einfallen.

50 rockefeller center, www.anthropologie.com, telefon: 212 2460386, geöffnet: mo-sa 10.00-21.00, so 11.00-20.00, u-bahn e, m 5th av/53th st und b, d, f, m 47th-50th st/rockefeller ctr

(22) Der Zugang zum **Dover Street Market** befindet sich in einer schmalen Gasse zwischen Park Avenue und Lexington Avenue. Hier hat sich die japanische Modedesignerin Rei Kawakubo, Schöpferin von *Comme des Garçons*, mit einem Geschäft niedergelassen, auf dessen sechs Etagen eine schier unendliche Vielfalt an exklusiver Kleidung angeboten wird. Tipp: Fahren Sie mit dem Lift ganz nach oben und "arbeiten" Sie sich etagenweise nach unten.

160 lexington ave, www.newyork.doverstreetmarket.com , telefon: 646 837 7750, geöffnet: mo-sa 11.00-19.00, so 12.00-18.00, u-bahn 6 28 st

(30) Auf den ersten Blick wirkt **Fishs Eddy** wie ein normales Haushaltswarengeschäft. Doch beim genauen Betrachten der Schaufenster fällt auf, dass sie nicht nur sehr liebevoll, sondern auch mit viel Humor dekoriert sind. Im Angebot sind unter anderem originelle Trinkbecher und Geschirrtücher, beides auch mit New-York-Motiven – ein ideales Mitbringsel für die Lieben zu Hause.

889 broadway, www.fishseddy.com, telefon: 212 4209020, geöffnet: mo-do 9.00-21.00, fr-sa 9.00-10.00, so 10.00-20.00, u-bahn n, r 23th st

(31) **ABC Carpet & Home** ist ein Geschäft, das Sie nicht verpassen sollten, wenn Sie etwas für Design im Wohnbereich übrig haben. Es bietet exklusive Wohnaccessoires, Lifestyleprodukte und edle Naturholzmöbel. Jede Etage des Hauses ist einem anderen *trendy* Wohnstil gewidmet. Und wer sich nach dem Sattsehen auch noch satt essen möchte, dem sei die **ABC Kitchen** im Untergeschoss empfohlen, ein Restaurant mit vorzüglicher Küche.

888 & 881 broadway, www.abchome.com, telefon: 212 4733000, geöffnet: mo-mi & fr-sa 10.00-19.00, do 10.00-20.00, so 11.00-18.30, u-bahn n, r 23th st

New York live

⑫ Die **Radio City Music Hall** ist der größte überdachte Konzertsaal der Welt. *The Christmas Spectacular* mit Auftritten von den Rockettes ist einer der populärsten Events, die in diesem prachtvollen Art-déco-Gebäude stattfinden. It's showtime!
1260 6th avenue, zwischen 50th und 51st street, www.radiocity.com, telefon: 212 3077171, geöffnet: kartenvorverkauf mo-so 11.30-18.00, für programm und preise siehe webseite, u-bahn b, d, f, m 47th-50th st/rockefeller ctr

⑮ Gönnen Sie sich eine Auszeit im **Bryant Park**. Genießen Sie in den runden Häuschen am Parkrand Kaffee und Snacks und die Skyline hoch über Ihnen. Im Osten des Parks liegt eine der bekanntesten Freiluftbars New Yorks, in der es im Sommer jeden Montagabend Open-Air-Kino gibt. Hier fand bis 2010 zweimal jährlich die New York Fashion Week statt, die heute im Lincoln Center veranstaltet wird.
42nd street und 6th avenue, www.bryantpark.org, u-bahn n, q, r, s, 1, 2, 3 times sq/42nd st, b, d, f, m 42nd st/7th/5th av, und s, 4, 5, 6 grand central/42nd st

㉖ Schauen Sie am Wochenende mal bei **The Antiques Garage** vorbei. Wo unter der Woche Autos parken, stehen am Wochenende auf zwei Etagen Flohmarktstände. Fangen Sie am besten unten bei Andre's Tavern an, hier finden Sie Retro-Gegenstände, die mit Essen und Wein zu tun haben, sowie tolle Messer, Küchenscheren und Korkenzieher.
112 west 25th street, zwischen 6th und 7th avenue, www.annexmarkets.com, geöffnet: sa-so 9.00-17.00, u-bahn 1, c, e, f, m, n, r 23rd st

㉟ Der **Union Square Greenmarket** existiert schon seit 1976. Damals schlossen sich eine Handvoll Bauern zusammen, inzwischen bieten in der Hochsaison gut 140 Bauern Erzeugnisse aus eigenem Anbau an, von Obst und Gemüse in Bioqualität über Brot und Käse bis hin zu ökologischen Weinen. Eine Besonderheit dieses Marktes ist, dass dort bekannte New Yorker Küchenchefs ihr Können demonstrieren und den Zuschauern Kostproben anbieten.
union square, www.grownyc.org/greenmarket/manhattan-union-square, geöffnet: mo, mi, fr, sa 8.00-18.00, u-bahn n, r, q, l, 5, 6 union sq

Central Park, Times Square & Union Square

S P A Z I E R G A N G   3 (ca. 12 km)

Startpunkt ist das Museum of Arts and Design (1). Biegen Sie rechts ab und gehen Sie am Central Park entlang. Dann rechts in die 7th Avenue und an der 56th Street links, wo es Burger gibt (2). In der 6th Avenue links ab, danach rechts zum Central Park South. An der Kreuzung Fifth Avenue steht ein historisches Hotel (3). Die Fifth Avenue lockt mit Geschäften und dem Trump Tower (4). Biegen Sie links in die 55th Street ab, dann links in die Park Avenue und rechts in die 56th Street. In der Lexington Avenue guten Espresso (5) trinken. Anschließend nach rechts in die 53rd Street zu einem Stück Berliner Mauer (6) und dem MoMA (7). Am Museum erstreckt sich ein Platz bis zur 52nd Street. Den Platz überqueren und dann nach links gehen, um etwas über Radio- und TV-Geschichte zu erfahren (8). Danach in Richtung Fifth Avenue und dort rechts zur Kirche (9). Zwischen 50th und 49th Street rechts in eine Einkaufsstraße und zum Rockefeller Center (10) (11). Folgen Sie der 50th Street (12). Bei der 6th Avenue links ab, bei der 47th Street rechts zum Times Square (13). Dann links die 7th Avenue entlang und wieder links in die 43rd Street. Fotografiefans sollten zur 6th Avenue (14). Dann zurück, links in die 42nd Street: ein Stück durch den Park gehen und historische Bauten bewundern (15) (16) (17). Im Grand Central Terminal die Treppe an der Westseite hinauf für einen Cocktail (18). Den Bahnhof am Ausgang Lexington Avenue verlassen und nach oben schauen (19). Zurück zur Park Avenue, dort links und weiter bis zur 36th Street. Dann rechts zum Museum (20). In der Fifth Avenue wieder links: ein grandioser Blick auf die Stadt (21)! Weiter über die Fifth Avenue und links in die 30th Street zum Dover Street Market (22). Dann zurück zur Fifth Avenue, links und gleich wieder rechts in die 29th Street für Stärkung (23) (24). Jetzt zweimal links ab, und Sie sind wieder auf der Fifth Avenue, wo ein Drink wartet (25). Flohmarktfans gehen rechts in die 25th Street (26). Dann zum Madison Square Park (27) (28). Biegen Sie in den Broadway ein und an der 20th Street links ab (29). Zurück zum Broadway, um zu shoppen (30) (31). Dann links in die 19th Street, an der Park Avenue erneut links und dann rechts in die 20th Street (32). Rechterhand liegt der Irving Place (33), von dort weiter zur 16th Street, dann rechts zum Union Square (34) (35). Beschließen Sie den Spaziergang in der 13th Street (36).

Upper East Side

Millionäre, Mode und Museen

Der Teil der Fifth Avenue östlich des Central Park wird "Gold Coast" genannt, denn hier wimmelt es nur so von exklusiven Clubs, teuren Schulen, engagierten Kunsteinrichtungen und einflussreichen Millionären. Kein anderer Stadtteil der Vereinigten Staaten spendet so viel Geld an nationale politische Kampagnen wie die Upper East Side.

Früher wohnten in den prächtigen Villen der stattlichen Alleen und schönen Seitenstraßen in der Nähe des Central Parks viele Geschäftsleute, die mit Stahl-, Öl- und Finanzgeschäften reich geworden sind. Viele dieser Häuser werden nun von kulturellen Institutionen, Botschaften, Schulen und Museen genutzt, obwohl immer noch reichlich wohlhabende New Yorker hier wohnen.

Östlich der Park Avenue verliert das Viertel etwas an Schick, es wird mehr down to earth und lebhafter. In der Lexington Avenue gibt es unzählige Geschäfte und Restaurants, in denen sich Pärchen und junge Familien treffen.

4

Für begeisterte Museumsgänger ist die Upper East Side eine wahre Fundgrube. Dort stehen unter anderen das Metropolitan Museum, das Guggenheim, das Whitney Museum of American Art und die Frick Collection: Sie beherbergen einige der eindrucksvollsten und bedeutendsten Kunstsammlungen der Welt. Daher ist dieser Abschnitt der Fifth Avenue auch als "Museum Mile" bekannt.

Shoppingfans können sich auf der Madison Avenue voll und ganz austoben. Dort gibt es zahlreiche Galerien, teure Juweliere, exklusive Geschäfte und die Shops der Topdesigner. Auch die großen Kaufhäuser Barneys und Bloomingdales haben hier Niederlassungen. Shopaholics werden ihre Tour bestimmt mit einem *little* oder auch *big brown bag* fortsetzen. Vor lauter Shoppingvergnügen sollte man aber nicht vergessen, auf die prachtvolle Architektur zu achten. Denn beim Schlendern durch die Straßen der schicken Upper East Side entdeckt man auch das eine oder andere beeindruckende Bauwerk.

6 Insider-Tipps

Frick Collection

Die Sammlung
europäischer Meisterwerke
bewundern.

Sprinkles Cupcake ATM

Rund um die Uhr
Cupcakes aus dem
Automaten ziehen.

Heckscher Ballfields

Ein Baseballspiel
im Central
Park ansehen.

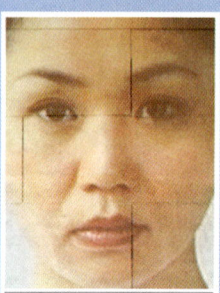

Metropolitan Museum

Kunst in einem
prachtvollen Gebäude
genießen.

Guggenheim Museum

Die berühmte Sammlung
und die fantastische
Architektur bewundern.

**Central Park Bicycle
Rental & Boathouse**

Den Central Park genießen:
per Fahrrad oder bei einer
Pause am Wasser.

Sehenswürdigkeiten

Shoppen

Essen & Trinken

New York live

Sehenswürdigkeiten

(5) Unter Leitung des Bankiers J. P. Morgan wurde 1891 der **Metropolitan Club** gegründet, eine geschlossene Gesellschaft, die sich in einem Gebäude im italienischen Palazzo-Stil trifft. Die luxuriöse Inneneinrichtung besteht aus korinthischen Säulen, feuerroten Teppichen, Marmor und Samt.
1 east 60th street, höhe 5th avenue, www.metropolitanclubnyc.org, telefon: 212 8387400, nicht öffentlich zugänglich, u-bahn n, q, r 5th av/59th st

(7) Der **Knickerbocker Club** ist einer der vielen geschlossenen Clubs der Fifth Avenue. Das Gebäude wurde 1913 von den amerikanischen Architekten Delano & Aldrich im amerikanischen Federal Style entworfen.
2 east 62nd street, höhe 5th avenue, nicht öffentlich zugänglich, u-bahn n, q, r 5th av/59th st

(8) An der 11 East 62nd Street steht das **Edith & Ernesto Fabbri House**. Dieses prachtvolle Gebäude bekam Edith Shepard Fabbri von ihren Eltern geschenkt, als sie den Bankier Ernesto Fabbri heiratete. Ediths Mutter stammte aus der sehr vermögenden Familie Vanderbilt.
11 east 62nd street, zwischen 5th und madison avenue, nicht öffentlich zugänglich, u-bahn n, q, r 5th av/59th st

(9) **726 Madison Avenue** wurde 1932 von der Bank of Manhattan Company errichtet. Dieses im georgianischen Stil entworfene Haus fällt völlig aus der Reihe, denn diese Bauart war damals schon lange aus der Mode.
726 madison avenue, in 64th street, nicht öffentlich zugänglich, u-bahn 6 68th st/hunter college und f lexington av/63rd st

(13) Das **Roosevelt House** besteht aus zwei Häusern mit einem Eingang. Sarah Delano Roosevelt schenkte es ihrem Sohn Franklin und seiner frisch-vermählten Eleanor. Die dominante Mutter wohnte im Haus Nummer 47, während der Präsident mit seiner Frau in 49 wohnte, als er sich in den Jahren 1921–1922 von einer Polioerkrankung erholte.
47-49 east 65th street, zwischen madison und park avenue, www.roosevelthouse.hunter.cuny.edu, telefon: 212 6503174, nicht öffentlich zugänglich, führungen auf anfrage mo-do 9.00-17.00, u-bahn 6 68th st/hunter college

⑮ Das **7th Regiment Armory**, oder auch Park Avenue Armory, erinnert an eine Festung. Das riesige Backsteingebäude war einst Hauptsitz des siebten Regiments der New York National Guard. Die prächtigen Innenräume von 1880 waren nach 120 Jahren jedoch reif für eine Renovierung. Im Jahr 2006 verwandelte die Park Armory Conservancy dieses Gebäude in einen "einzigartigen Ort für alternative Kunst".
643 park avenue, zwischen 66th und 67th street, www.armoryonpark.org, telefon: 212 6163930, zugänglich während ausstellungen, führungen: nach vereinbarung, u-bahn6 68th st/hunter college

⑯ Margues de Cuevas, ein Familienmitglied der steinreichen Rockefellers, bewahrte die Häuser an der **Westseite der Park Avenue von 68th bis 69th Street** im Jahr 1965 vor dem Abriss. Die Gebäude wurden verschiedenen Organisationen zur Verfügung gestellt, zum Beispiel der American Society, dem Spanish Institute und dem Istituto Italiano di Cultura. Diese Vereine bieten in den Räumen Ausstellungen, Lesungen und Kurse an.
park avenue, zwischen 68th und 69th street, u-bahn 6 68th st/hunter college

⑰ Die **Frick Collection** ist im ehemaligen Haus des Stahlmillionärs Henry Clay Frick aus Pittsburgh untergebracht. Dort hängen prächtige Gemälde von Van Eyck, Bellini, Tizian, Goya und vielen anderen europäischen Meistern. Im Museum spürt man immer noch die häusliche Atmosphäre aus der Zeit, als Frick hier noch höchstpersönlich wohnte.
1 east 70th street, höhe 5th avenue, www.frick.org, telefon: 212 2880700, geöffnet: di-sa 10.00-18.00, so 11.00-17.00, eintritt: 20 $, u-bahn 6 68th st/ hunter college

㉒ Im Gründungsjahr 1904 gab es im **Jewish Museum** gerade einmal 26 Objekte zu besichtigen. Heute bereichern 26.000 Kunstwerke die Kollektion und spiegeln 4000 Jahre jüdischer Kunst und Kultur wider. Präsentiert wird eine große kulturelle Vielfalt – von Videos über archäologische Objekte und Gemälde bis hin zu interaktiven Webseiten.
1109 5th avenue, höhe 92nd street, www.jewishmuseum.org, telefon: 212 4233200, geöffnet: mo-di & fr-so 11.00-17.45, do 11.00-20.00, eintritt: 15 $, sa frei, u-bahn 6 96th st

GUGGENHEIM MUSEUM (24)

㉗ METROPOLITAN MUSEUM OF ART

(23) Das ehemalige Haus des berühmten Stahlmillionärs Andrew Carnegie wurde 1977 zum **Cooper-Hewitt National Design Museum**. Hier gibt es Design in all seinen Facetten zu bewundern: historische und zeitgenössische Objekte, handgemacht oder maschinell produziert.
2 east 91st street, höhe 5th avenue, www.cooperhewitt.org, telefon: 212 8498400, für öffnungszeiten siehe webseite, eintritt: 16 $, u-bahn 6 96th st

(24) Das **Guggenheim Museum** ist eines der berühmtesten Werke des namhaften Architekten Frank Lloyd Wright. Die außergewöhnliche Architektur ist mindestens genauso sehenswert wie die Picassos und Kandinskys im Inneren des Gebäudes. Für das ultimative Guggenheim-Erlebnis nehmen Sie den Aufzug nach oben und wandern dann über die Wendeltreppe nach unten. Planen Sie auf jeden Fall einen halben Tag ein. Tipp: Samstags zwischen 17.45 und 19.45 Uhr bestimmen Sie selbst den Eintrittspreis!
1071 5th avenue, höhe 89th street, www.guggenheim.org, telefon: 212 4233500, geöffnet: so-mi & fr 10.00-17.45, do geschlossen, sa 10.00-19.45, eintritt: 22 $, u-bahn 4, 5, 6 86th st

(25) Die **Neue Galerie** widmet sich ausschließlich und allein deutscher und österreichischer Kunst. Dieser "Palast" war einst die bescheidene Bleibe von Grace Wilson Vanderbilt, einer echten Society-Lady und Witwe von Cornelius Vanderbilt, einem Sprößling der steinreichen New Yorker Dynastie. Außer dem Museum gibt es hier auch zwei gute Cafés für eine Kunstpause.
1048 5th avenue, höhe 86th street, www.neuegalerie.org, telefon: 212 6286200, geöffnet: so-mo 11.00-18.00, di-mi geschlossen, do-sa 11.00-18.00, eintritt: 20 $, u-bahn 4, 5, 6 86th st/lexington av, und b, c 86th st/central park west

(26) Ein Jahr nachdem ihr Mann John F. Kennedy in Dallas ermordet worden war, zog die berühmte Ex-First-Lady, Jacqueline Kennedy Onassis, in ein Appartment in der 15. Etage der **1040 5th Avenue**. Sie schätzte die Anonymität sehr, welche die New Yorker ihr gewährten, und ging oft unbehelligt im Central Park spazieren. Hier wohnte sie bis zu ihrem Tod im Jahr 1994.
1040 5th avenue, nicht öffentlich zugänglich, u-bahn 4, 5, 6 86th st

(27) Das imposante Gebäude des **Metropolitan Museum of Art**, kurz "The Met", erinnert stark an das Schloss von Versailles. Hier werden sowohl alte Meisterwerke als auch moderne Kunstobjekte gezeigt. Im Laufe der Jahre wurde das Museum ständig erweitert und angebaut. Der Gebäudeteil, der an der Fifth Avenue liegt, stammt aus der Zeit 1895–1902. Die Dachterrasse des Museumscafés bietet einen schönen Ausblick auf die Stadt. Tolle Geschenke und Bücher bekommt man im Museumsshop.

1000 5th avenue, höhe 82nd street, www.metmuseum.org, telefon: 212 5357710, geöffnet: di-do & so 9.30-17.30, fr-sa 9.30-21.00, eintritt: 25 $, u-bahn 6 77th st und 4, 5, 6 86th st

(31) Fast täglich kommen Hochzeitspaare zur **Bethesda Fountain**, um sich hier fotografieren zu lassen. Ein herrlicher Ort mit Blick auf einen kleinen See, Ruderboote und die mächtigen Wolkenkratzer von West-Manhattan. **Bethesda Terrace** gehört zu den ersten Bauwerken im Central Park. Sie besteht aus zwei Etagen, die über riesige Treppen miteinander verbunden sind. In der unteren kann man die prachtvoll gekachelten Decken bewundern.

central park, 72nd street cross drive, www.centralpark.com, geöffnet: täglich 7.00-1.00, u-bahn b, c 72nd st und 6 77th st

(32) Der neoklassizistische Bühnenbau **Naumburg Bandshell** wurde 1923 im Central Park errichtet. Seitdem sind auf dieser halbrunden, offenen Bühne die verschiedensten Künstler und Berühmtheiten wie Martin Luther King und John Lennon aufgetreten. Auf der Website des Central Park finden Sie die Daten für die dort stattfindenden Konzerte. Ein Spazierweg, **The Mall** genannt, durchschneidet den Park mittig von der Bethesda Terrace bis zur 66th Street. The Mall ist auch bei Straßenkünstlern, Inlineskatern und Skateboardern sehr beliebt. Sitzplätze entlang der Strecke zum Zuschauen gibt es in Hülle und Fülle.

central park, zwischen east 70th und east 71st street, www.centralpark.com, u-bahn 6 68th st/hunter college

Essen & Trinken

③ Durch eine braune Tür betritt man **The Bar Room**, eine Bar mit Restaurant mit teils antikem Mobiliar. Im vorderen Bereich befindet sich der lange Tresen, der vor allem ab dem Spätnachmittag, wenn die New Yorker von der Arbeit heimkehren, gut besetzt ist. Weiter hinten, wo man an Tischen auch speisen kann, beeindrucken prachtvolle Wandmalereien. Das Essen ist einfach, aber schmackhaft; immer gern bestellt wird der *Bar Room Burger.*
east 60th street, www.thebarroomnyc.com, telefon: 212 561 5523, geöffnet: mo & so 11.00-1.00, di-sa 11.00-3.00, preis: 24 $, u-bahn n, q, r lexington av

⑥ **The Pierre** gehört zur Taj Hotel Group und gilt schon seit 1930 als eines der vornehmsten Luxushotels New Yorks. Lassen Sie sich in der Two E Lounge (*www.twoeny.com*) mit einem stilvollen *afternoon tea* verwöhnen.
2 east 61st street, www.tajhotels.com/pierre, telefon: 212 8388000, afternoon tea täglich 15.00-17.00, preis: 45 $, u-bahn n, r 5th av/59th st

⑭ Im Zentrum der Upper East Side hat sich das **East Pole Restaurant** zu einem beliebten Treffpunkt für hippe New Yorker entwickelt. Sie schätzen nicht nur das maritim anmutende Ambiente, sondern auch die raffinierten Gemüsegerichte, etwa gebratene Pastinaken, und Snacks wie Rübchen-Walnuss-Hummus. Dass Qualität, Service und Preise stimmen, dafür bürgt die Tatsache, dass das East Pole vom gleichen Besitzer betrieben wird wie The Fat Radish in der Lower East Side.
133 east 65th street, www.theeastpolenyc.com, telefon: 212 2492222, geöffnet: mo-fr 11.30-15.00 & 17.30-0.00, sa 10.30-0.00, so 10.30-23.00, preis: 28 $, u-bahn f lexington av/63th st

⑳ **The Butterfield Express** ist kein gewöhnlicher Supermarkt, denn hier kann man jede Menge frisch zubereiteter Leckereien erstehen: von Kaffee-spezialitäten über Sandwiches bis hin zu Joghurt, Kuchen und Eis. Machen Sie es wie viele New Yorker: Stellen Sie sich im Butterfield Express eine Mittagsmahlzeit zusammen, um sie dann im Central Park zu genießen. Und nehmen Sie für den Weg das selbstgemachte Joghurteis mit!
1102 lexington avenue, www.butterfieldmarket.com, telefon: 212 2887800, geöffnet: mo-fr 7.30-20.00, sa 7.30-17.30, so 8.00-17.00, u-bahn 4, 5, 6 86th st

EAST POLE RESTAURANT ⑭

㉘ **E.A.T.** ist genau der richtige Ort, um sich während eines Streifzugs durch New York mit einem leckeren Salat oder Sandwich zu stärken. Egal ob Frühstück oder Abendessen – hier wird man den ganzen Tag über satt.
1064 madison avenue, zwischen 80th und 81st street, www.elizabar.com, telefon: 212 7720022, geöffnet: täglich 7.00-22.00, preis: 16 $, u-bahn 6 77th st und 4, 5, 6 86th st

㉚ Im Kolonialstil präsentiert sich das im Central Park am Wasser gelegene **Loeb Boathouse**. An der Outside Bar können Sie bei einem Drink den Abend einläuten und dabei dem Treiben auf dem See zuschauen.
east 72nd street, park drive north, www.thecentralparkboathouse.com, telefon: 212 5172233, geöffnet: mo-fr 12.00-16.00, sa-so 9.30-16.00 (saisonabhängig), preis: 25 $, u-bahn 6 68st-hunter

Shoppen

(1) Kaufen, kaufen, kaufen – darum dreht sich bei **Bloomingdale's** alles. In dieses gigantische Kaufhaus kommt der New Yorker, um alle feinen Dinge aus der Welt der Mode und Schönheit zu erwerben. Neugierig, was sich in all den *little* und *big brown bags* befindet, die das Bild prägen? Na dann mal los. Um alle Abteilungen zu erkunden, müssen Sie schon ein wenig Zeit mitbringen und dürfen sich nicht verlaufen.
1000 3rd avenue, zwischen 59th street und lexington avenue, www.bloomingdales.com, telefon: 212 7052000, geöffnet: mo-mi 11.00-20.30, do-sa 10.00-22.00, so 10.00-21.00, u-bahn 4, 5, 6, n, q, r 59th st

(2) Das sollten Sie keinesfalls verpassen: An einem bunten Automaten können Sie 24 Stunden am Tag köstliche Cupcakes ziehen! Dass sie frisch gebacken sind, garantiert die unmittelbar daneben gelegene Bäckerei **Sprinkles Cupcake**, wo auch Kostproben der feinen kleinen Kuchen angeboten werden.
780 lexington avenue, zwischen 60th und 61st street, www.sprinkles.com, telefon: 212 2078375, geöffnet: mo-sa 9.00-19.00, so 10.00-20.00, preis: 4,25 $, u-bahn 4, 5, 6, n, q, r 59th street

(4) **Barneys** mauserte sich vom kleinen Anzugladen zu einem der elegantesten Shoppingtempel New Yorks. Hier gibt es exklusive Marken, die in keinem anderen Geschäft zu finden sind und hier kaufen *upper east side moms* – oder deren *personal shopper* – Dior-Kleidchen für ihre Kids. Wer vom mondänen Stil der Anwohner angetan ist, kann hier seine Garderobe um einige teure Stücke erweitern – vorausgesetzt, Sie haben ein gut gefülltes Konto.
660 madison avenue, höhe 60th street, www.barneys.com, telefon: 212 8268900, geöffnet: mo-fr 11.30-21.00, sa 10.00-19.00, so 11.00-19.00 , u-bahn n, q, r 5th av/59th st

(18) Die extravaganten Schuhe von **Christian Louboutin** erkennt man an den roten Sohlen. In diesem Laden finden Sie das vollständige Sortiment seiner traumhaften High Heels, für die Sie allerdings ziemlich ordentlich in die Tasche greifen müssen.
965 madison avenue, höhe 74th street, www.christianlouboutin.com, telefon: 212 3961884, geöffnet: mo-sa 10.00-19.00, sa 10.00-19.00, so 11.00-19.00, u-bahn 6 77th st

BLOOMINGDALE'S ①

㉑ In **La Maison du Chocolat** dreht sich alles um Schokolade. Die Kreationen kommen allesamt aus Paris. Zum Glück können Sie die Spezialitäten auch online bestellen, denn sie schmecken einfach nach mehr.

1018 madison avenue, zwischen 78th und 79th street, www.lamaisonduchocolat.com, telefon: 212 7447117, geöffnet: mo-sa 10.00-19.00, so 11.00-18.00, u-bahn 6 77th st

New York live

(10) Einige von New Yorks interessantesten Einwohnern finden Sie hier: im **Central Park Zoo**. Die Eisbären und Seelöwen begrüßen Sie recht herzlich in diesem schönen Teil der Stadt. Schauen Sie nach, ob die Protagonisten von Pixars Madagascar inzwischen alle unversehrt zurückgekehrt sind.

central park, in höhe der 64th street an der 5th avenue, www.centralparkzoo.com, telefon: 212 4396500, geöffnet: apr.-nov. mo-fr 10.00-17.00, sa-so 10.00-17.30, nov.-apr. täglich 10.00-16.30 , eintritt: 16 $, u-bahn n, q, r 5th av/59th st

(11) Eislaufen bei **Trump Rink**, vormals bekannt unter dem Namen Wollman Rink, ist bei vielen New Yorker ab zehn Jahren ein beliebter Zeitvertreib. Die Saison erstreckt sich von Herbst bis ins Frühjahr. Von Juli bis Mitte September dagegen kommen dann die ganz Kleinen auf ihre Kosten – in den Victorian Gardens Karussells.

central park, in höhe der 59th street an der 6th avenue, www.wollmanskatingrink.com, telefon: 212 4396900, geöffnet: täglich ab 11.00, eintritt: mo-do 11 $, fr-so 14 $, ausleihgebühr schlittschuhe 8 $, u-bahn n, q, r, 5th av, und a, b, c, d, 1 59th st/columbus circle

(12) **Heckscher Ballfields** nennt sich eine frei zugängliche Sportanlage im Central Park mit sechs Softball- und Baseballplätzen, und auf einem davon trainiert immer eine Mannschaft. Gönnen Sie sich eine Pause und beobachten Sie ein Spiel! Immer wieder eindrucksvoll: der Kontrast zwischen dem üppigen Grün des Parks und der Skyline im Hintergrund.

in höhe der 63rd street, www.centralpark.com, geöffnet: täglich 6.00-1.00, u-bahn f lexington av/63st

TRUMP RINK ⑪

(19) Wer glaubt, die Zeiten des Varietés seien vorbei, sollte sich bei einer Dinnershow im **Café Carlyle**, im gleichnamigen Hotel, eines Besseren belehren lassen. Schon seit Jahren spielt hier an Montagabenden der weltberühmte Regisseur Woody Allen mit seiner Jazzband. Wer ihn sehen will, sollte jedoch frühzeitig einen Tisch reservieren.

carlyle hotel, 35 east 76th street, höhe madison avenue, www.thecarlyle.com, telefon: 212 7441600, geöffnet: mo-sa 18.00-1.00, juli-aug. geschlossen, preis: sitzplatz 150 $, an der bar 110 $ (ohne menü), u-bahn 6 77th st

(29) Leihen Sie sich beim **Central Park Bicycle Rental** ein Fahrrad und erkunden Sie den prächtigen Central Park auf zwei Rädern. Beim nahegelegenen **The Loab Boathouse** können Sie auch Boote stundenweise mieten, um sich bei einer Ruderpartie zu entspannen.

central park, höhe 74th street, www.thecentralparkboathouse.com, telefon: 212 5172233, geöffnet: apr.-nov. täglich 10.00-17.00, preis: 9-15 $ pro stunde, 200 $ oder kreditkarte als kaution, u-bahn 6 68th st

Upper East Side

S P A Z I E R G A N G   4   (ca. 10 km)

Beginnen Sie in der Lexington Avenue mit einem Einkauf bei Bloomingdale's
(1) und genießen dann einen Cupcake aus dem Automaten (2). Rechts in der
60th Street kommen Sie zu einer Bar (3): Merken Sie sich die Adresse für
abends. Rechts in der Madison Avenue geht's zum shoppen (4). Weiter durch
die 60th Street (5) und am Central Park nach rechts, am Pierre (6) und dem
Knickerbocker Club (7) vorbei. Dann rechts in die 62nd Street und zur Hausnummer 11 gehen (8). Linkerhand in der Madison Avenue bei Nummer 726
Halt (9) machen. Dann links in die 64th Street und in den Central Park, wo
unzählige New Yorker joggen, Rad fahren oder Yoga üben. Eine Attraktion ist
der Zoo (10). Vergessen Sie nicht Trump Rink (11) und die Heckscher Ballfields (12).
Verlassen Sie den Park an der 65th Street (13) und gehen Sie geradeaus, um
zu lunchen (14). Danach links in die Lexington Avenue, noch mal links und dann
rechts zum 7th Regiment Armory (15) und der Westseite der Park Avenue (16).
Weiter nach links in die 70th Street mit der Frick Collection (17). Biegen Sie
rechts ab und gehen Sie am Park die Fifth Avenue entlang, dann rechts in
die 73rd Street und links in die Madison Avenue zu einem Schuhgeschäft (18).
Dort rechts in die 76th Street, um zu speisen (19). Danach links in die Lexington
Avenue, wo ein ungewöhnlicher Supermarkt lockt (20). Feine Schokolade gibt
in der Madison Avenue (21), dazu links in die 78th Street und dann rechts. Von
dort rechts in die 79th Street und dann links, ein Stück die Park Avenue entlang. Bei der 84th Street links ab, zur Madison Avenue zurück, dort rechts
und weiter bis zur 93rd Street. Anschließend links gehen und weiter zur Fifth
Avenue mit ihren Museen (22) (23) (24) (25). Achten Sie auf die Nummer 1040 (26).
Unbedingt sehenswert: das Metropolitan Museum of Art (27). Ein "kulinari-
scher Umweg" führt zwischen der 81th und 80th Street zur Madison Avenue
(28). Gehen Sie wieder zur Fifth Avenue und bei der 79th Street rechts in den
Central Park; dort können Sie Fahrräder und Ruderboote mieten (29) oder am
Wasser ein Pause einlegen (30). Am Ende noch bei der Bethesda Fountain and
Terrace (31) und der Naumburg Bandshell (32) vorbeischauen.

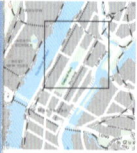

Upper West Side & Harlem

Jazzmusik und quirlige Atmosphäre zwischen Hudson und Central Park

Zwischen Central Park und Hudson River liegt die Upper West Side, ein Stadtteil mit einer reichen Vergangenheit in puncto Wissenschaft und Kultur. Kaum vorstellbar, dass es hier im späten 19. Jahrhundert fast nur Wildnis und einige hüttenähnliche Behausungen gab. Erst um 1880 wurde mit dem Bau des ersten Appartementhauses begonnen: The Dakota. Eisenbahnlinien entstanden und ermöglichten es den Menschen, aus Downtown wegzuziehen und täglich zur Arbeit dorthin zu pendeln. Die Upper West Side war geboren. Film- und Fernsehregisseure bevorzugen diesen Stadtteil als Wohnkulisse für New Yorker Charaktere wie im Kinofilm *E-Mail für dich* oder in der Sitcom *Will & Grace*.

Heute stehen die Straßenzüge mit den typischen Backsteingebäuden unter Denkmalschutz. Der südliche Teil von Upper West Side ist vor allem als Kunstzentrum bekannt. An der Nordseite bestimmen die Riverside Church und die Columbia University die Skyline. Dazwischen gibt es zahlreiche Museen, kleine Lebensmittelläden, Boutiquen und Restaurants.

Wer glaubt, dass der Central Park der einzige Park in diesem Stadtteil ist, irrt. Denn entlang des Hudson-Flusses befindet sich auch noch der Riverside Park, den New Yorker den schönsten Park Manhattans nennen. Hier treiben sie Sport, suchen Entspannung und, wenn Big Apple im Sommer unter der Hitze stöhnt, auch Erfrischung am Fluss.

Nördlich der Upper West Side befindet sich das Zentrum afroamerikanischer Kultur: Harlem. Hier kann man Galerien und Kirchen besuchen, die oft nach schwarzamerikanischen Helden benannt wurden, und einer Show im legendären The Apollo Theatre beiwohnen. Harlem erlebt seit einiger Zeit eine Blüte. Immer mehr wohlhabende New Yorker ziehen hierher, weil sie die schönen historischen Brownstonehäuser und die teils begrünten Straßen schätzen. Nicht ganz so gediegen, aber dafür sehr lebendig geht es im Norden des Stadtteils zu. Dort sitzen die Anwohner vor ihren Häusern, unterhalten sich oder hören Musik. Versäumen Sie es nicht, hier in einem authentischen Soul-Food-Restaurant essen zu gehen!

6 Insider-Tipps

Lido

Italienische Gastlichkeit
in Harlem erleben.

Studio Museum

Afroamerikanische Kunst
in einer Museumsgalerie
bewundern.

Boat Basin Café

Sich am Wasser dem
entspannten Urlaubsgefühl
hingeben.

Strawberry Fields

Den Ort besuchen,
an dem ein Mosaik an
John Lennon erinnert.

The Ravine & The Loch

Ungezähmte Natur
inmitten der
Metrople genießen.

Columbia University

Auf dem Stadtcampus
das Studentenleben
erschnuppern.

● **Sehenswürdigkeiten**
○ **Shoppen**

● **Essen & Trinken**
● **New York live**

Sehenswürdigkeiten

(1) Der **Fernsehsender ABC** hat weltbekannte Sendungen wie *Modern Family*, *General Hospital* oder *Desperate Housewives* produziert. Die Fernsehstudios in der Upper West Side kann man während Nachrichtensendungen von der Straße aus betrachten. Sie wollen die Morgenshow *Live with Kelly und Michael* miterleben? Kein Problem. Einfach zu Hause online Karten bestellen oder sich um 7 Uhr morgens in die *standby-line* stellen, um eine Karte zu ergattern.
ecke west 67th street/columbus avenue, livekellyandmichael.dadt.com, eintritt: frei, u-bahn 1 66th st

(4) Bis zum 8. Dezember 1980 kannte kaum irgendjemand das im Jahr 1884 errichtete **The Dakota**, ein Appartementhaus der Luxusklasse. Mit dem Tag wurde alles anders: Seit John Lennon auf dem Weg zu seinem Appartement im The Dakota auf offener Straße erschossen wurde, pilgern viele Fans zu dem Haus, in dem Lennons Frau Yoko Ono nach wie vor lebt. Der schlossähnliche Charakter mit Türmchen und spitzen Giebeln war beabsichtigt und sollte gut betuchte New Yorker davon überzeugen, dass ein Appartement genauso schick sein kann wie ein Haus.
1 west 72nd street, nicht öffentlich zugänglich, u-bahn b, c, 1, 2, 3 72nd st

(5) Dieser kleine Platz im Central Park, gegenüber The Dakota, wurde nach John Lennons Tod zur Gedenkstätte. Fans pilgern nach **Strawberry Fields**, um Blumen auf dem Mosaik niederzulegen, in dem sich das Wort "imagine" befindet. Man kann sich hier hinsetzen und den Fans lauschen, die Lieder des ermordeten Beatles-Mitglieds singen oder spielen.
eingang central park west höhe west 72nd street, www.centralparknyc.org, telefon: 212 3106600, geöffnet: täglich 6.00-1.00, u-bahn b, c, 1, 2, 3 72nd st

(8) **The Aylsmere**, ein Appartementhaus, dessen wunderschöne Fassade im Renaissancestil mit Backsteinornamenten geschmückt ist, wurde 1894 für die New Yorker Oberschicht gebaut: zwei Appartements je Stockwerk, die jeweils Ess-, Wohn-, Schlaf- und Badezimmer boten und natürlich einen Raum für das Personal. Nach der Großen Depression wurden die großzügigen Wohnungen in kleinere Einheiten aufgesplittet.
331 columbus avenue, nicht öffentlich zugänglich, u-bahn 1, 2, 3, b, c 72nd st

⑨ Dieser Teil der **West 76th Street** mit den prachtvollen Backsteingebäuden und rowhouses ist charakteristisch für die Upper West Side. Häuser dieser Art tauchen häufig in Sitcoms, Soaps und Kinofilmen auf. Die meisten wurden zwischen 1887 und 1898 errichtet.

west 76th street, zwischen columbus avenue und central park west, u-bahn b, c 81st st/museum of natural history

⑩ Das **American Museum of Natural History** ist eines der größten Museen der USA und erlangte mit seiner riesigen Sammlung von Dinosaurierfossilien internationale Bekanntheit. Das mächtige Gebäude gegenüber dem Central Park zeigt eindrucksvolle Ausstellungen über die Indianer, die Biologie und Evolution des Menschen, Meteoriten, Mineralien, Säugetiere und vieles mehr.

central park west höhe west 79th street, www.amnh.org, telefon: 212 7695100, geöffnet: täglich 10.00-17.45, eintritt 22 $ (oder spende), u-bahn b, c 81st st und 1 79th st

⑭ Das **Nicolas Roerich Museum** ist ein kleines, außergewöhnliches Museum in einem *townhouse*, einem Haustyp, der für den Stadtteil Upper West Side typisch ist. Es werden etwa 200 Werke des russischen Malers gezeigt, der sich in den 1920er-Jahren in New York niederließ. Postkarten und Poster, auf denen die Werke abgebildet sind, bekommen Sie im Museumsshop.

319 west 107th street, www.roerich.org, telefon: 212 8647752, geöffnet: di-fr 12.00-17.00, sa-so 14.00-17.00, mo geschlossen, eintritt: spende, u-bahn 1 cathedral pkwy und b, c cathedral pkwy/110th st

⑮ Die Innenausstattung des fiktiven Monk's Café in der berühmten Comedy-serie *Seinfeld* bestand aus Studiokulissen, aber die Außenseite gibt es wirklich: Sie gehört zu **Tom's Restaurant**, dessen Leuchtreklame eine der bekanntesten New Yorks ist. Auch der Hit *Tom's Diner* von Suzanne Vega handelt von diesem Restaurant.

2880 broadway, www.tomsrestaurant.net, telefon: 212 8646137, geöffnet: so-mi 6.00-1.30, do-sa rund um die uhr, preis: 10 $, u-bahn 1 110th st

COLUMBIA UNIVERSITY ⑱

(16) Wer liegt in **Grant's Tomb** begraben? So lautet ein altes Rätsel für amerikanische Schulkinder. Die Antwort lautet: niemand. Der 18. US-amerikanische Präsident, General Ulysses S. Grant, und seine Frau Julia wurden nämlich nicht hier beigesetzt, sondern ruhen in einem Mausoleum. Grant, ein Held des Bürgerkriegs, war seinerzeit sehr berühmt. Deshalb wurde ihm auch ein riesiges Denkmal gesetzt, welches das zweitgrößte Ehrenmal Nordamerikas ist.

122nd street und riverside drive, www.grantstomb.org, telefon: 212 6661640, geöffnet: do-sa 9.00-17.00, zwischen memorial und labor day täglich 9.00-17.00   eintritt: frei, u-bahn 1, 9 116th st

(17) Die 1930 fertiggestellte **Riverside Church** ist mit einer Höhe von 120 m die höchste Kirche der Vereinigten Staaten. Als Vorbild diente die gotische Kathedrale in Chartres. Weiterer Rekord: Das Glockenspiel im Turm hat 74 Glocken und ist das schwerste der Welt. Die größte Glocke wiegt 18 Tonnen, die kleinste 5 kg.

490 riverside drive, von 120th bis 122nd street, www.theriversidechurchny.org, geöffnet: täglich 7.00-22.00, eintritt: frei, u-bahn 1 116th st

(18) Die **Columbia University** zählt zu den ältesten, reichsten und größten Universitäten des Landes. Im Jahr 1897 zog sie in die heutige Niederlassung in Morningside Heights. Das geschäftige Treiben, die spannende Mischung aus Alt und Neu sowie die vielen Grünflächen machen den Stadtcampus sehr attraktiv. Auf der langen Liste berühmter Studenten stehen auch Theodore Roosevelt und Barack Obama.

west 114th bis 120th street, broadway bis amsterdam avenue, www.columbia.edu, telefon: 212 8541754, campus öffentlich zugänglich, eintritt: frei, u-bahn 1 116th st

(19) Die **Alma Mater** ist wahrscheinlich das beliebteste Fotomotiv auf dem Gelände der Columbia University. Mit ihren ausgestreckten Armen und dem aufgeschlagenen Buch auf dem Schoß begrüßt sie Studenten und Besucher. In ihrem Gewand ist eine Eule versteckt, das Symbol für Weisheit. Man sagt, dass derjenige Student eines neuen Jahrgangs, der diese Eule als Erster entdeckt, sein Studium mit den besten Noten abschließt.

west 116th street, zwischen broadway und amsterdam avenue, u-bahn 1 116th st

RIVERSIDE CHURCH ⑰

⑳ Die **Low Memorial Library**, ein klassischer Bau aus dem Jahr 1895 mit Kuppel und einer Fassade mit Säulen, bildet den Mittelpunkt des Campus. Schon seit 1934 befinden sich hier – anstatt der Bibliothek – die Büroräume der Universität. Im Visitors Center (Zimmer 213) bekommen Sie Übersichtspläne des Geländes, und im Foyer ist eine interessante Sammlung alter Objekte zu sehen, die aus der Geschichte der Universität stammen. Bei schönem Wetter sitzen die Studenten draußen auf den Stufen in der Sonne.
535 west 116th street, zwischen broadway und amsterdam avenue, telefon: 212 8541754, geöffnet: mo-fr 9.00-17.00, eintritt: frei, u-bahn 1 116th st

㉑ Je größer, desto besser, muss sich der Architekt von **St. John the Divine** gedacht haben. Die Arbeit an der kolossalen Kathedrale nimmt kein Ende: 1891 wurde der Bau begonnen und noch immer wird daran gewerkelt. Jedes Jahr im April kommen unzählige Reisende, um ihr Fahrrad segnen zu lassen. Führungen gibt es täglich, die Zeiten und Preise finden Sie auf der Website.
1047 amsterdam avenue, höhe 112th street, www.stjohndivine.org, telefon: 212 3167540, geöffnet: mo-sa 7.30-18.00, so 7.00-19.00, eintritt: frei, u-bahn 1 110th st

㉕ Das 1968 gegründete **Studio Museum** gilt als landesweit erstes Museum für afroamerikanische Kunst, vornehmlich aus dem 19. und 20. Jahrhundert. Außer der umfangreichen ständigen Sammlung sind auch Wechselausstellungen mit Werken von Künstlern afrikanischer Abstammung zu sehen; daneben viele historische Fotos aus der Zeit der Harlem Renaissance, einer künstlerischen Bewegung, in der sich zwischen 1920 und 1930 afroamerikanische Literaten und Maler zusammenschlossen.
144 west 125th street, www.studiomuseum.org, telefon: 212 8644500, geöffnet: do-fr 12.00-21.00, sa 10.00-18.00, so 12.00-18.00, eintritt: spende, so frei, u-bahn 2, 3 125th st

㉗ Als **Astor Row** bezeichnet man ein Ensemble aus 28 Häusern an der Südseite der West 130th Street in Harlem. Entworfen hat sie der Architekt Charles Buek, sie wurden zwischen 1880 und 1883 erbaut und galten damals als ausgesprochen fortschrittlich. Die zweistöckigen Häuser haben Vorgärten, weil sie von der Straße zurückversetzt sind, außerdem schmucke Holzveranden, von denen einige in jüngerer Zeit restauriert wurden.
west 130th street, zwischen 5th avenue und lenox avenue , u-bahn 2, 3 125th st

ASTOR ROW ㉗

Essen & Trinken

(6) Schon bei Tagesanbruch hängt in der Straße der verführerische Duft frisch gebackener Kekse. Es sind vor allem die Walnuss-Schoko-Kekse, die die **Levain Bakery** berühmt gemacht haben. Meistens zieht sich die Schlange bis auf die Straße, aber das Warten lohnt sich.
167 west 74th street, www.levainbakery.com, telefon: 212 8746080, geöffnet: mo-sa 8.00-19.00, so 9.00-19.00, preis: keks 4 $, u-bahn 1, 2, 3 72nd st

(7) Im winzigen, aber urgemütlichen **Piccolo Café** werden ganztags Sandwiches serviert. Das Besondere: Der Kaffee dazu ist umsonst. Mittags gibt es Snacks und abends vollwertige Mahlzeiten. Den coffee-to-go erhält man draußen am Fenster.
313 amsterdam avenue, www.piccolocafe.us, telefon: 212 8730962, geöffnet: mo-fr 8.00-23.00, sa-so 9.00-23.00, preis: 10 $, u-bahn 1, 2, 3 72nd st

(12) Nach einem entspannten Spaziergang durch den Riverside Park bietet sich das **Boat Basin Café** für eine Rast an. Als Freiluftcafé hat es nur bei schönem Wetter geöffnet und ist dann ein beliebter Treffpunkt für alle, die am Wasser, wo meist eine frische Brise weht, Abkühlung suchen. Von hier aus haben Sie, besonders bei Sonnenuntergang, einen herrlichen Blick auf New Jersey, den Yachthafen und den Hudson.
west 79th street in höhe des hudson river, www.boatbasincafe.com, telefon: 212 4965542, geöffnet: ende märz-ende okt. mo-mi 12.00-23.00, do-sa 12.00-23.30, so 12-22.00, preis: 15 $, u-bahn 1 79th st

(22) Im Schatten von St. John the Divine liegt der **Hungarian Pastry Shop**, ein fester Anlaufpunkt von Studenten der Columbia University. Man könnte fast meinen, diese Cafeteria sei Teil der Universität. Aber auch die Anwohner der benachbarten Straßen sind schon längst dem leckeren Gebäck und dem frischen Kaffee verfallen.
1030 amsterdam avenue, in 111th street, telefon: 212 8664230, geöffnet: mo-fr 7.30-23.30, sa 8.30-23.30, so 8.30-22.30 , preis: kaffee 3 $ (nur barzahlung), u-bahn 1 cathedral pkwy (110th st)

㉖ Leger ist die Atmosphäre im **Astor Row Café**, das von morgens bis abends gut besucht ist. Hier wird in der Regel Spanisch gesprochen, das Personal nimmt aber auch Bestellungen in englischer Sprache entgegen. Auf der Speisekarte findet man unter anderem Pfannkuchen, Salate, Wraps und Pitas sowie Hummus und Guacamole aus eigener Herstellung. Die kulinarische Devise lautet: einfach und frisch.

404 lenox avenue, telefon: 212 4912566, geöffnet: täglich 8.00-21.00, preis: 9 $, u-bahn 2, 3 125th st

(28) Im **Red Rooster Harlem** wird Soul-Food serviert: Einfache, aber köstliche Gerichte aus den Südstaaten. Probieren Sie unbedingt *fried yard bird*. An manchen Abenden wird in der Nähe der Bar Livemusik gespielt. Im Untergeschoss finden Sie Ginny's Supperclub. Wer oben keinen Tisch bekommt, kann sein Glück unten versuchen.

310 lenox avenue, zwischen 125th und 126th street, www.redroosterharlem.com, telefon: 212 7929001, geöffnet: mo-do 11.30-15.00 & 17.30-22.30, fr 11.30-15.00 & 17.30-23.30, sa 10.00-15.00 & 17.30-22.30, so 10.00-15.00 & 17.00-22.00, preis: 27 $, u-bahn 2, 3 125th st/lenox av und a, b, c, d 125th st/ st nicholas av

(29) Im trendigen Restaurant **Vinatería** stammt fast die gesamte Einrichtung aus zweiter Hand. Auf beeindruckende Weise hat man hier aus Altem Neues geschaffen. An der Bar werden auch Cocktails serviert, und die Küche ist spanisch-italienisch orientiert.

2211 frederick douglass boulevard, telefon: 212 6628462, geöffnet: mo 17.00-22.00, di-do 17.00-23.00, fr 11.00-0.00, sa-so 11.00-22.00, preis: 22 $, u-bahn b, c, 2, 3, 116th st

(30) **Double Dutch Espresso** nennt sich ein Café in Harlem, das eine breite Vielfalt von Kaffeespezialitäten anbietet, dazu natürlich eine Auswahl süßer Köstlichkeiten. Im Sommer sitzt man schön ruhig im Garten hinter dem Haus.

2194 frederick douglass boulevard, telefon: 917 9519215, geöffnet: mo-fr 7.00-19.00, sa-so 8.00-19.00, preis: 3 $, u-bahn b, c, 2, 3 116th st

(31) **Lido** heißt der Lieblingsitaliener vieler New Yorker in der Downtown – was in erster Linie daran liegt, dass die renommierte Küchenchefin Serena Bass ausschließlich saisonale Zutaten aus ökologischem Anbau verwendet. Das Ambiente ist traditionell italienisch geprägt, und die Eigentümerin Susannah kümmert sich persönlich um das Wohl der Gäste.

2168 frederick douglas boulevard, www.lidoharlem.com, telefon: 646 4908575, geöffnet: mo-do 11.30-16.00 & 17.30-22.00, fr 11.30-16.00 & 17.30-23.00, sa 10.30-16.00 & 17.30-23.00, so 10.30-16.00 & 17.00-22.00, preis: 21 $, u-bahn b, c, 2, 3 116th st

VINATERIA ㉙

㉜ In die **Harlem Tavern**, einem Restaurant mit Biergarten, geht man nicht nur zum Essen, sondern auch, um Musik zu hören – sowohl von Bands als auch von renommierten DJs. An den langen Tischen im Freien kommt man schnell mit anderen Gästen ins Gespräch. Vor allem, wenn große Sportevents im TV übertragen werden, ist es hier unglaublich viel los.
2153 frederick douglass boulevard, www.harlemtavern.com, geöffnet: mo-fr 12.00-2.00, sa-so 11.00-2.00, preis: 20 $, u-bahn b, c, 2, 3 116th st

Shoppen

(2) An der **Columbus Avenue zwischen West 72nd und West 68th Street**
befinden sich etliche Luxus-Boutiquen wie Sean, SEE, Gas Bijoux, Athleta,
Kate Spade, Maje und Monaco, die Sie unbedingt besuchen sollten – schon
allein, um all die schönen Sachen in den Schaufenstern zu bewundern.
*columbus avenue, zwischen west 68th und west 72nd street, u-bahn 1 66th
st, und 1, 2, 3, b, c 72nd st*

(3) Sie planen einen Abstecher ans Meer, zu den Hamptons, und brauchen
einen bequemen Badeanzug ohne zu viel Schnickschnack? Dann sind Sie bei
Malia Mills genau richtig! Das exklusive Label aus Brooklyn hat neben Bade-
bekleidung auch hübsche Sonnenhüte, Strandtaschen und weitere nützliche
Accessoires im Angebot, für die man allerdings einiges hinblättern muss.
*220 columbus avenue, in höhe der 70th street, www.maliamills.com, telefon:
212 8747200, geöffnet: mo-mi & fr-sa 11.00-18.00, do 12.00-19.00, so 12.00-
17.00, u-bahn 1, 2, 3, b, c 72nd st*

(11) Schon seit seiner Gründung im Jahr 1934 befindet sich das Fachgeschäft
Zabar's am Broadway. Was als kleiner Laden für Räucherfisch begann, ist
heute eine Institution. Hier kaufen viele New Yorker neben Kaffee, Käse, Ölen
und Geschenkkörben vor allem Räucherlachs, -stör und jüdische Delikatessen.
Wer nur Kaffee mit etwas Süßem genießen will, sollte im dazugehörigen Café
in der 80th Street vorbeischauen.
*2245 broadway, höhe 80th street, www.zabars.com, telefon: 212 7872000,
geöffnet: mo-fr 8.00-19.30, sa 8.00-20.00, so 9.00-18.00, u-bahn 1 79th st
und a, b, c 81st st/museum of natural history*

(33) Dem Café **Silvana**, das seine Gäste schon zum Frühstück willkommen
heißt, ist ein Laden angegliedert, in dem man "Dies und Das" aus Afrika und
Israel findet, zum Beispiel handgefertigte Kleidung, Schmuck, Vasen und
diverse Dekogegenstände. In der Bar werden Sie abends mit Livemusik
unterhalten.
*300 west 116 street, www.silvana-nyc.com, telefon: 646 6924935, geöffnet:
täglich 8.00-22.00 (bar täglich 16.00-4.00), u-bahn b, c 116th st*

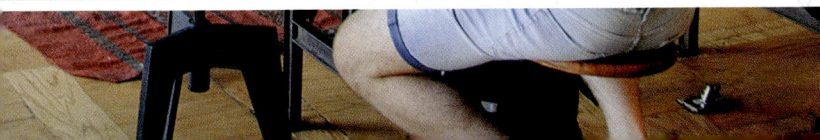

New York live

(13) Der sechs Kilometer lange **Riverside Park** liegt in Manhattans Westen und erstreckt sich von der 155th Street im Norden bis zur 59th Street im Süden. Für viele Einwohner der Upper West Side und von Harlem, die hierher zum Relaxen kommen, ist der Park eine gleichwertige Alternative zum Central Park. Im Riverside Park kann man ausgiebig spazieren gehen und Rad fahren, stets mit dem Hudson-Fluss im Blick. Auf Höhe der 91st Street gibt es den People's Garden, einen Garten, der von 40 Anwohnern ehrenamtlich gehegt und gepflegt wird.

west 91st street, www.nycgovparks.org, geöffnet: von sonnenaufgang bis sonnenuntergang, u-bahn 1, 2, 3 96th st

(23) Wer sich morgens in den gepflegten, ruhigen **Morningside Park** aufmacht, wird mit einem fantastischen Blick auf das sonnenbeschienene Harlem belohnt. Samstags findet in diesem Park ganztägig ein Markt statt, auf dem man direkt vom Erzeuger frisches Obst und Gemüse kaufen kann. Im Sommer sind regelmäßig Musikveranstaltungen geboten.

von west 110th bis west 123rd street, zwischen manhattan avenue, morningside avenue und morningside drive, www.morningsidepark.org, telefon: 212 9373883, geöffnet: täglich, u-bahn a, b 116th st

(24) Im **Apollo Theater** werden Stars geboren. Ella Fitzgerald, James Brown, Michael Jackson, D'Angelo und Lauryn Hill – sie alle haben hier Konzerte gegeben. Wieder andere sind während der berühmten Amateur Night am Mittwochabend entdeckt worden. Es ist eine einzigartige Erfahrung, einmal selbst bei der Geburt eines neuen Sterns mit dabei zu sein. Das Theater wird demnächst auch seinen eigenen "Walk of Fame" haben.

253 west 125th street, zwischen adam clayton powell jr boulevard (7th avenue) und frederick douglass boulevard (8th avenue), www.apollotheater.org, telefon: 212 5315300, geöffnet: kartenvorverkauf mo-fr 10.00-18.00, sa 12.00-17.00, eintritt: wechselnde preise, u-bahn a, b, c, d, 2, 3 125th st

34 Naturfreaks finden ihr Eldorado im **Ravine** im Central Park. Dort bleiben umgestürzte Bäume liegen, wo sie hingefallen sind, sofern sie nicht die Wege versperren. In diesem Parkteil können Sie in Ruhe Vögel beobachten und inmitten einer Wildnis, wie man sie in New York nie vermuten würde, einen Wildbach samt Wasserfall namens **The Loch** entdecken.

west 110th street, park north zwischen 106th und 102nd street,
www.centralparknyc.org, geöffnet: täglich 6.00-1.00, u-bahn 6 103rd st

Upper West Side & Harlem

SPAZIERGANG 5   (ca. 15 km)

Starten Sie bei den ABC-Fernsehstudios (1) in der Columbus Avenue. Gehen Sie in nördlicher Richtung zu zwei interessanten Läden (2) (3). Dann rechts in die 72nd Street mit dem Haus, in dem John Lennon wohnte (4). Betreten Sie den Central Park und folgen Sie dem Weg zu Strawberry Fields (5). Dann zurück und rechts Richtung Central Park West. Links in die 74th Street einbiegen (6) und zweimal rechts, um in der 75th Street zu essen (7). Danach links in die Columbus Avenue und rechts in die 76th Street mit sehenswerten Gebäuden (8) (9). Weiter Richtung Central Park West und dann links zum Museum (10). Wieder links in die 81st Street und noch mal links auf den Broadway: Dort wartet ein kulinarisches Highlight (11). Danach rechts in die 80th Street zum Riverside Drive. Dort erst links und dann rechts bei der 79th Street in den Park. Im Boat Basin Café (12) können Sie am Wasser sitzen. Danach durchs Grüne spazieren, mit dem Hudson zur Linken (13). In Höhe der 83th Street durch den Tunnel gehen und weiter durch den Park. Bei der 95th Street über die Straße, links abwärts, dann rechts und wieder in den Park. Sie kommen zu mehreren Sportplätzen. Nach dem letzten den Park verlassen. Biegen Sie in die 107th Street ein, um russische Kunst zu bewundern (14). Danach links auf den Broadway, wo das berühmteste New Yorker Restaurant wartet (15). Wieder links in die 113th Street und am Ende rechts in den Riverside Drive mit Ehrenmal und Kirche (16) (17). Dann rechts in die Claremont Avenue, links in die 120th Street und rechts auf den Broadway, um zur Columbia University zu gelangen (18) (19) (20). Schlendern Sie über den Campus, verlassen Sie ihn an der Amsterdam Avenue und gehen Sie dort rechts (21) (22). Dann zurück und nach rechts die 113th Street entlang zum Morningside Park (23). Den Park durchqueren und links abbiegen in die Manhattan Avenue. Bei der 125th Street links zum Apollo Theater (24) und zum Studio Museum (25). Danach links in die Lenox Avenue bis Astor Row (26) (27) in der West 130th Street. Biegen Sie zweimal rechts und dann links ab, um zur Lenox Avenue zu gelangen und Soul Food zu genießen (28). Gehen Sie nach rechts in die 120th Street und dann links auf den Frederick Douglass Boulevard, wo sich ein Restaurant ans andere reiht (29) (30) (31) (32) (33). Möchten Sie noch einen kleinen Spaziergang im Grünen machen, dann gehen Sie weiter zum Central Park (34).

Williamsburg

Beliebt, jung, überraschend, gut essen und einkaufen

Bis ins späte 19. Jahrhundert war Williamsburg in Brooklyn in erster Linie ein Zufluchtsort für wohlhabende Einwohner Manhattans, die hier ihre Wochenenden verbrachten. Damals lag es noch außerhalb der Stadt; erst seit 1898 ist Brooklyn offiziell einer der fünf Stadtteile New Yorks. Für den Durchschnitts-New-Yorker wurde Brooklyn erst 1903, mit der Eröffnung der Williamsburg Bridge, zugänglich. Was danach stattfand, war eine wahre Invasion von Einwanderern und Menschen, die den proppenvollen Migrantenunterkünften (*tenements*) an der Lower East Side entfliehen wollten. Bald war Williamsburg der Stadtteil mit der höchsten Bevölkerungsdichte.

Brooklyn war schon immer ein multikultureller Stadtteil und gleiches gilt für Williamsburg. Die Gegend, in der das Viertel einst entstand, heißt heute South Williamsburg. Hier leben zahlreiche chassidische Juden sowie Einwanderer aus Puerto Rico und der Dominikanischen Republik, während in North-Williamsburg, einfach "North Side" genannt, viele Polen und Italiener wohnen.

6

Seit einiger Zeit zieht es immer mehr junge Leute von Manhattan nach Williamsburg, die derzeit beliebteste Gegend Brooklyns. Anfangs waren es hauptsächlich Künstler aller Couleur, die sich hier niederließen. Ihnen folgten bzw. folgen noch die "Young Professionals". Im Zuge dieser Entwicklung entstehen neben alten Industriebauten, wie beispielsweise der Domino Sugar Factory (die man von der Fähre aus schön sehen kann), viele, teils luxuriöse Wohnungen am Wasser mit Blick auf Manhattan. Und jeden Monat eröffnen in Williamsburg ein paar Restaurants sowie Läden, die Neuware oder edle Second-Hand-Mode verkaufen.

Street-Art ist *a way of life* im Kreativviertel Williamsburg. Nirgendwo in New York begegnet man so vielen Wandmalereien, Aufklebern und kleinformatigen Postern an Laternenpfosten, Hauseingängen, Fassaden, Briefkästen, Wänden und Straßenrändern wie hier. Und wer genau hinschaut, wird sehen, dass einige Künstler an unterschiedlichsten Stellen ähnliche Werke hinterlassen haben. Wer New York besucht, darf Williamsburg nicht verpassen.

6 Insider-Tipps

Willamsburg Bridge

Von Manhattan nach
Williamsburg gehen und
die Aussicht genießen.

The Gutter

In einem Retro-
Ambiente einen Abend
lang bowlen.

Fette Sau

Frisch Gegrilltes an
rustikalen Holztischen
speisen.

Smorgasburg

Samstags über den
berühmten Straßenmarkt
bummeln.

City Reliquary Museum

Ausgefallenes aus
New Yorks Vergangenheit
bewundern.

Reynald

Die Aussicht auf
Manhattans Skyline
genießen.

- Sehenswürdigkeiten
- Shoppen

- Essen & Trinken
- New York live

Sehenswürdigkeiten

(1) Die **Williamsburg Bridge**, die Brücke zwischen Manhattan und Williamsburg, wird zwar hauptsächlich von Autofahrern benutzt, kann aber auch zu Fuß oder mit dem Rad überquert werden. Und das lohnt sich, denn von dort hat man einen fantastischen Blick auf Manhattans Osten. Der Vorteil dieser Brücke gegenüber der Brooklyn Bridge: Sie ist weniger stark befahren und die Fuß- und Radwege sind voneinander getrennt.
kreuzung delancey street/clinton street, u-bahn j, m, z essex st, f delancey st und b, d grand st

(2) Wo einst die Kings County Savings Bank ihre Büros hatte, befindet sich heute das **Williamsburg Art & Historical Center**, die bekannteste Galerie des Stadtteils. Hier werden wechselnde Ausstellungen gezeigt, von Gemälden über Skulpturen bis zu Installationen und moderner Kunst. Präsentiert werden Exponate nationaler wie internationaler Künstler.
135 broadway, www.wahcenter.net, telefon: 718 4867372, geöffnet: fr-mo 13.00-18.00, eintritt: frei, u-bahn j, m, z marcy av und l bedford

(7) Das winzige **City Reliquary Museum** ist kein Museum wie jedes andere. Das Haus ist eine Art Raritätenkabinett voll mit ausgefallenen Exponaten aus New Yorks Vergangenheit, wie zum Beispiel einem Diorama, das den Bay Ridge Barbershop wiederaufleben lässt, der fünfzig Jahre lang in Brooklyn ansässig war, oder Gegenständen von der Weltausstellung 1964 in New York. Im *giftshop* finden Sie schöne wie witzige Werke örtlicher Künstler.
370 metropolitan avenue, www.cityreliquary.org, telefon: 718 7824842, geöffnet: do-so 12.00-18.00, eintritt: spende von 5 $, u-bahn l lorimer st und g metropolitan av

(32) Der **East River State Park** ist der Ort schlechthin, um zu relaxen und Fotos zu machen, zum Beispiel von Manhattan, auf das man von hier aus eine spektakuläre Aussicht hat. Samstags, wenn der Markt Smorgasburg (S. 124) auf einem benachbarten Grundstück stattfindet, kann man in der Grünanlage auch wunderbar die dort gekauften Köstlichkeiten verzehren.
3236 north 8th street, www.nysparks.com, geöffnet: täglich 9.00 bis sonnenuntergang, u-bahn l bedford av und east river ferry nach 6th st/north williamsburg

Essen & Trinken

④ Wer im **Rabbithole Restaurant** etwas essen will, muss erst den vorderen Teil mit dem hauseigenen Café hinter sich lassen, was nicht leicht ist. Denn hier gibt es köstlichen Stumptown-Kaffee mit *scones* oder Muffins, die Frau Rabbithole selbst herstellt. Das Restaurant hat einen Garten, in dem man ebenfalls wunderbar speisen kann.
352 bedford avenue, www.rabbitholerestaurant.com, telefon: 718 7820910, geöffnet: mo-do 9.00-23.00, fr-sa 9.00-1.00, so 09.00-23.00, preis: 17 $, u-bahn l bedford av und j, m, z marcy av

⑧ Für Fleischliebhaber ist **Fette Sau** einfach ein Muss. In der ehemaligen Autowerkstatt wird das ganze Jahr über gegrillt, und man isst an langen Tischen oder im Freien. Kommen Sie frühzeitig, sonst müssen Sie einige Zeit anstehen oder Ihr Lieblingsfleisch ist womöglich bereits verzehrt. (Falls Sie sich über den Namen wundern: Die Frau von Besitzer Joe Carroll hat deutsche Wurzeln und sie war bei der Namensgebung sicher nicht unbeteiligt.)
354 metropolitan avenue, www.fettesaubbq.com, telefon: 718 9633404, geöffnet: mo-fr 17.00-23.00, sa-so 12.00-23.00, preis: 18 $, u-bahn l lorimer st und g metropolitan av

⑨ Die einstige Fabrik beherbergt ein stimmungsvolles Restaurant mit hohen Decken, großen Fenstern und Blumentapeten an den Wänden. Im **Roebling Tea Room** gibt es mehr als nur Tee, man kann auch hervorragend zu Mittag oder Abend essen.
143 roebling street, www.roeblingtearoom.com, telefon: 718 9630760, geöffnet: so-do 10.00-16.30 & 18.00-23.00, fr-sa 10.00-16.30 & 18.00-23.30, preis: 20 $, u-bahn l bedford av of lorimer st und g metropolitan av

⑪ Bei der Gestaltung des **Café de La Esquina** wurde ein ausrangierter Bus so integriert, dass man beim Speisen auf den alten Bänken sitzen kann. Unter den vielen Tacos auf der Karte gilt "Al Pastor" als Favorit der Stammgäste. Abends, wenn auf der Terrasse ein DJ auflegt, findet sich vor allem junges Publikum aus der Gegend ein.
225 wythe avenue, zwischen metropolitan und north 3rd street, www.esquinabk.com, telefon: 718 3935500, geöffnet: di-do 12.00-22.00, fr 12.00-0.00, sa 11.00-0.00, so 11.00-22.00, preis: 11 $, u-bahn l bedford av

㉒ TOBY'S ESTATE

(14) Man muss kein Weinkenner sein, um im **Brooklyn Oenology** Weine aus der Umgebung verkosten zu dürfen. Auskennen muss sich nur das Personal, und das tut es. Wenn Sie das *flight menu* wählen, stehen vier verschiedene Weine zur Auswahl und dazu ein kleiner Snack, wie zum Beispiel ein Käseteller oder eine Wurstplatte mit *chorizo*, *prosciutto* und Pastete.
209 wythe avenue, www.brooklynoenology.com, telefon: 718 5991259, geöffnet: mo 16.00-22.00, di-mi 14.00-22.00, do 14.00-23.00, fr 14.00-0.00, sa 12.00-0.00, so 12.00-22.00, preis: flight menu ab 16 $, u-bahn l bedford av, east river ferry nach north 6th st/north williamsburg

(22) Vor einigen Jahren gründete Toby Smith in Australien eine eigene Kaffee-rösterei, aber das war erst der Anfang. In Williamsburg eröffnete er das Café **Toby's Estate** und somit die erste Niederlassung in den USA – ein Lokal mit toller Einrichtung und sehr leckerem Kaffee.
125 north 6th street, www.tobysestate.com, telefon: 347 4576160, geöffnet: mo-fr 7.00-19.00, sa-so 8.00-20.00, preis: espresso 2-6 $, u-bahn l bedford av und east river ferry nach north 6th st/north williamsburg

(23) Das im amerikanischen Bistrostil gestaltete Restaurant **Sweetwater** ist besonders bei Schriftstellern, Malern und anderen Künstlern beliebt. Halten Sie Ausschau – vielleicht entdecken Sie ja ein bekanntes Gesicht. Serviert werden hier Gerichte aus aller Herren Länder, und an lauen Sommerabenden kann man bis spätabends im Garten sitzen.
105 north 6th street, www.sweetwaterny.com , telefon: 718 9630698, geöffnet: mo-fr 12.00-0.00, sa-so 11.00-0.00, preis: 19 $, u-bahn l bedford av und east river ferry nach north 6th st/north williamsburg

(24) Urgemütlich ist das Interieur des mit vielen gerahmten Fotos und Blumengebinden dekorierten Cafés **Bakeri**. Lassen Sie sich zum Kaffee Gebäckstücke oder Kuchen aus der angegliederten Bäckerei servieren. Besonders empfehlenswert: norwegisches Skolebrød, ein Gebäck mit Vanillecreme-Füllung.
150 wythe avenue, www.bakeribrooklyn.com, telefon: 718 3888037, geöffnet: mo-fr 7.00-19.00, sa-so 8.00-19.00, preis: 8 $, u-bahn l bedford av und east river ferry nach north 6th st/north williamsburg

㉕ In einer ehemaligen Autowerkstatt ist das **Bedford** untergebracht, ein Restaurant mit Vintage-Flair. Speisen können Sie nicht nur drinnen, sondern auch auf der Terrasse des hübschen Eckgebäudes. Die Karte bietet klassische Gerichte mit modernem Touch. Aber auch wenn Sie schon satt sind, lohnt es sich, auf einen Cocktail an der Bar hineinzuschauen.

110 bedford avenue, www.thebedfordonbedford.com, telefon: 718 3021002, geöffnet: mo-do, so 11.00-23.00, fr-sa 11.00-0.00, preis: 21 $, u-bahn l bedford av und east river ferry nach north 6th st/north williamsburg

㉘ **Reynald** heißt das hippe Bistro des wunderbar ausgestatteten Wythe Hotels. Gönnen Sie sich einen Drink auf der Dachterrasse und genießen Sie dabei die Aussicht auf die Skyline von Manhattan, das Ganze untermalt von Musik, für die ein DJ sorgt. Wundern Sie sich nicht, wenn am Nebentisch ein Prominenter sitzt, der hier wie Sie den Tag ausklingen lässt.

80 wythe avenue, www.reynardnyc.com, telefon: 718 4608004, geöffnet: mo-fr 7.00-16.00, sa-so 7.00-16.00 & 17.30-0.00, preis: 25 $, u-bahn l bedford av

㉙ Wo sich heute ein Designcafé befindet, wurden früher Autos repariert. Im Sommer hat das **Kinfolk** seine Türen weit geöffnet, sodass es auch an der Bar aus dunklem Walnussholz schön luftig ist. Man kann hier nicht nur frühstücken oder spätabends für einen Absacker vorbeikommen, sondern auch tagsüber gemütlich Kaffee trinken – und bei der Gelegenheit dem gleichnamigen Herren-ausstatter nebenan einen Besuch abstatten.

90 wythe avenue, www.kinfolklife.com, telefon: 347 799 2946, geöffnet: mo-fr 8.30-spät, preis: 8 $, u-bahn l bedford av und east river ferry nach north 6th st/north williamsburg

KINFOLK (29)

Shoppen

(3) **Fanaberie** nennt sich ein Geschäft in Brooklyn, das sich "Retro, Indie und Vintage" auf die Fahne geschrieben hat. Sie finden hier so ausgefallene (von der Besitzerin gern als "weird" bezeichnete) Kleidung, dass Sie auf keinen Fall befürchten müssen, zu Hause jemandem im gleichen Outfit zu begegnen. Die Preise, auch für Schmuck und Taschen, sind erschwinglich.

339 bedford avenue, www.fanaberienyc.com, telefon: 347 3350252, geöffnet: mo-di 12.00-20.00, mi-sa 10.00-20.00, so 11.00-19.00, u-bahn l bedford av und j, m, z marcy av

(5) Die einzigartige Kollektion des ein wenig an Ibiza erinnernden Shops **B65** (Berlyn65) – Schmuck, Seidentücher und kleine Ziergegenstände – wird mit viel Liebe und sicherem Gespür für das Besondere von einer deutschen Stylistin zusammengestellt. Viele der Schmuckstücke sind Entwürfe von New Yorker Designern.

346 bedford avenue, www.berlyn65.com, telefon: 917 3387570, geöffnet: di-sa 12.00-20.00, so 12.00-19.00, u-bahn l bedford av und m, j, z marcy av

(6) Die Inhaberin von **Joinery** ist Halb-Brasilianerin und weiß ganz genau, wo man in Brasilien schöne handgefertigte Decken, Bettwäsche und Tücher herbekommt, die sie in ihrem Laden anbietet. Darüber hinaus finden Sie hier diverse Accessoires, Wohn-Deko und Kleidung. Einige Produkte stammen aus eigener Erzeugung.

263 south 1st street, www.joinerynyc.com, telefon: 347 8896164, geöffnet: mo-sa 12.00-19.00, so 12.00-18.00, u-bahn l lorimer st oder bedford st

(10) Angefangen hat sie bei Barneys als Einkaufsassistentin, heute betreibt sie ihren eigenen Laden. Im **Bird** verkauft Jen Mankins Designerkleidung für Männer und Frauen und veranstaltet auch regelmäßig kleine Foto- oder Kunstausstellungen.

203 grand street, www.shopbird.com, telefon: 718 3881655, geöffnet: mo-fr 12.00-20.00, sa 11.00-19.00, so 12.00-19.00, u-bahn l bedford av

BAGGU ⑬

⑫ Bei **Pilgrim Surf + Supply** trifft man nicht nur Leute an, die Zubehör für ihren Lieblingssport suchen. Das Geschäft führt auch modische Freizeitkleidung für Herren sowie Sneakers. Hinzu kommen diverse Accessoires und Lifestyle-bücher. Wenn Sie beim Shoppen eine Pause einlegen wollen: Hier kann man auch Kaffee trinken!

68 north 3th street, www.pilgrimsurfsupply.com, telefon: 718 2187456, geöffnet: täglich 12.00-20.00, u-bahn l bedford av

⑬ Mociun und Isa Baggu betrieben ihr Geschäft anfangs als Pop-up-Store. Weil dieser großen Anklang fand, beschlossen sie, eine "Dauereinrichtung" daraus zu machen. **Baggu** bietet Taschen in allen Formen und Farben an, mit verspielten oder minimalistischen Dessins. Auch wenn Sie schon genug Taschen zu haben glauben: Hier findet sich garantiert noch ein besonderes Stück, das Ihre Sammlung perfekt ergänzt.

242 wythe avenue nr 4, eingang north 3rd street, www.baggu.com, telefon: 800 6050759, geöffnet: di-fr 11.00-19.00, sa-so 12.00-19.00, u-bahn I bedford av

⑮ Dass der Besitzer des **Mociun** Innenarchitekt ist, zeigt sich schon am stilvollen Interieur des Geschäfts, in dem man sich fast in einer Galerie wähnt. Das Sortiment umfasst wunderschönen Schmuck, Strandlaken aus Seide, Accessoires aus Keramik und kleine Kunstobjekte für besondere Gelegenheiten.

224 wythe avenue, www.mociun.com, telefon: 718 3873731, geöffnet: mo-so 12.00-20.00, so 12.00-19.00, u-bahn I bedford av

⑯ In dieser Schokoladenmanufaktur von **Mast Brothers Chocolate** bekommt man schön verpackte Schokoladentafeln, die Namen wie Serrano Pepper, Brooklyn Blend oder Stumptown Coffee tragen. Schon wegen des verführerischen Dufts sollten Sie unbedingt bei den Schokoladebrüdern vorbeischauen. Dann können Sie auch völlig kostenlos ein Stückchen probieren.

111 north 3rd street, www.mastbrothers.com, telefon: 718 3882625, geöffnet: täglich 12.00-19.00, u-bahn I bedford av und east river ferry nach north 6th st/north williamsburg

⑰ Käseläden sind in New York rar, aber es gibt sie. Der **Bedford Cheese Shop** hat eine beachtliche Auswahl an Käse aus aller Herren Länder.

229 bedford avenue, www.bedfordcheeseshop.com, telefon: 718 5997588, geöffnet: mo-fr 9.00-21.00, sa 8.00-21.00, so 8.00-20.00, u-bahn I bedford av und east river ferry nach north 6th st/north williamsburg

(18) **Catbird** ist ein kleiner Laden, der bis zur Decke mit Spielzeug vergangener Tage, Karten, allerlei schönen Dingen und Haaraccessoires vollgestopft ist. Spezialisiert ist der Laden auf Schmuck örtlicher Designer.

219 bedford avenue, www.catbirdnyc.com, telefon: 917 5993457, geöffnet: mo-sa 12.00-20.00, so 12.00-18.00 , u-bahn l bedford av und east river ferry nach north 6th st/north williamsburg

(19) **MeMe Antenna** befindet sich im Mini Mall (rechts neben Spoonbill Books) und bezeichnet sich selbst als Musik- und Geschenkeladen. Wahrscheinlich die einfachste Art, dieses winzige Geschäft für coole Dinge und Gadgets zu umschreiben. Von Karten bis Synthesizer, von CDs und LPs bis zu Vintage-Schmuck – hier gibt es wirklich alles.

218 bedford avenue, www.memeantenna.com, telefon: 347 2234219, geöffnet: so-mi 12.00-20.00, do-sa 12.00-21.00, u-bahn l bedford av und east river ferry nach north 6th st/north williamsburg

(20) Auf dem Weg zu **Awoke Vintage** ist schon von Weitem Musik zu hören, die viele Passanten in das Geschäft lockt. Zu vernünftigen Preisen bekommt man hier (teils exklusive) Secondhandmode, darunter viele Stücke aus Leder: Vielleicht haben Sie Glück und finden bei Awoke Vintage genau die Lederjacke, die Sie schon immer haben wollten.

132 north 5th street, www.awokevintage.com, telefon: 718 3873130, geöffnet: täglich 10.00-21.00, u-bahn l bedford av und east river ferry nach north 6th st/north williamsburg

(21) **Gentry** ist der ideale Laden für Männer, die beim Einkaufsbummel rasch die Geduld verlieren. Dank kompetenter Beratung hat man hier im Nu beispielsweise ein komplettes Business-Outfit zusammengestellt: dezenter Anzug, Hemd, Krawatte, Gürtel, dazu passende Schuhe und eine Tasche. Da bleibt sogar noch Energie, sich bei den Kosmetikprodukten umzusehen.

127 north 6th street, www.gentrynyc.com, telefon: 718 5997091, geöffnet: mo-sa 11.00-20.00, so 11.00-18.00, u-bahn l bedford a und east river ferry nach north 6th st/north williamsburg

CATBIRD ⑱

㉛ Samstag und Sonntag sind die Tage, an denen man **Artists and Fleas**
besuchen kann – einen überdachten Markt für Antiquitäten, Vintage, Kunst,
Fotografien, Kleidung, Schmuck und Accessoires. Hier verkaufen die Hersteller
und Designer noch selbst.
70 north 7th street, www.artistsandfleas.com, geöffnet: sa-so 10.00-19.00,
u-bahn l bedford av, g metropolitan av und east river ferry nach north 6th st/
north williamsburg

New York live

(26) Führungen durch die **Brooklyn Brewery** sind an Wochentagen jederzeit möglich. Das absolute Highlight bietet jedoch der Freitag, wenn um 17 Uhr die Probierstube ihre Türen öffnet. Dann drängen sich Heerscharen hinein, um für verhältnismäßig wenig Geld ein Bierchen zu kosten. Essen wird nicht serviert, aber wer will, kann sich eine Pizza mitbringen oder kommen lassen.
79 north 11th street, www.brooklynbrewery.com, telefon: 718 4867422, geöffnet: mo-do 17.00 (nur führungen), fr 18.00-23.00, sa 12.00-20.00 (kostenlose führung jede volle stunde bis 17.00), so 12.00-18.00, preis: biermünze 5 $, u-bahn l bedford av, g nassau av und east river ferry nach north 6th st/north williamsburg

(27) Williamsburger bowlen gern, und deshalb besitzt dieses Viertel gleich drei Bowlingbahnen. Eine davon ist **The Gutter**. Die Anlage ist zwar noch relativ neu, aber im Inneren wähnt man sich in die 1950er-Jahre zurückversetzt. Einheimische kommen auch gern hierher, um ein Bier zu trinken. Keine Bahn frei? Dann überbrücken Sie die Wartezeit mit einem Brettspiel.
200 north 14th street, www.thegutterbrooklyn.com, telefon: 718 3873585, geöffnet: mo-do 17.00-4.00, fr 14.00-4.00, sa-so 12.00-4.00, preis: ab 40 $/std, ausleihgebühr schuhe 3 $, u-bahn g nassau av, l bedford av und east river ferry nach north 6th st/north williamsburg

(30) In der **Music Hall of Williamsburg** finden allabendlich Konzerte weniger bekannter Bands statt. Im Saal hat man überall einen guten Blick und die Akustik ist toll. Karten gibt's online, an der Abendkasse oder beim box office.
66 north 6th street, www.musichallofwilliamsburg.com, telefon: 800 745300, geöffnet: box office williamsburg: sa 11.00-18.00, box office mercury lounge: mo-sa 12.00-19.00 (nur barzahlung), u-bahn l bedford av und east river ferry nach north 6th st/north williamsburg

(33) Samstags sollte man sich den beliebten Markt **Smorgasburg** nicht entgehen lassen: an etwa 50 Ständen gibt es selbst gemachte Köstlichkeiten, Kleidung, Schmuck und andere hübsche Dinge. Sonntags findet der Markt am Brooklyn Bridge Park Pier 5 statt und in den Wintermonaten in einer Halle in der 80 North 5th Street.
am east river zwischen north 6th und north 7th street, www.smorgasburg.com, geöffnet: sa 11.00-18.00, east river ferry nach north 6th st/north williamsburg

BLUEBERRY STRAWBERRY TRIPLE BERRY

POP ART JAM TARTS

SMORGASBURG ③③

③④ Wer auf dem Rückweg nach Manhattan etwas mehr von der Stadt sehen will, nimmt am besten die Fähre, die **East River Ferry**. Wer nordwärts fährt, steigt an der 34th Street aus, wer die südliche Route bevorzugt, geht bei Pier 11, Wall Street, von Bord. New York wirkt vom Wasser aus gesehen noch beeindruckender, als die Stadt ohnehin schon ist.

north 6th street am wasser, www.nywaterway.com, geöffnet: täglich (siehe webseite), preis: einfach fahrt 4 $, u-bahn | bedford av

Williamsburg

SPAZIERGANG 6 (ca. 8 km)

Gehen Sie von der Manhattan-Seite auf die Williamsburg Bridge (1). Auf halbem Weg stehenbleiben und den Blick zurück auf Manhattan genießen. Am Ende der Brücke geht es eine Treppe hinab, unten rechts und dann links zu einer Kunstgalerie (2). Danach die Brücke unterqueren und zur Bedford Avenue gehen – zum Shoppen oder Frühstücken (3) (4) (5). Rechts in die South 1st Street (6). Danach links in die Havemeyer Street. Wenn Sie in der Metropolitan Avenue nach rechts gehen, finden Sie ein Museum (7). Danach ein Stück zurück und links auf der Metropolitan Avenue zu einem Grillrestaurant (8) und dem Roebling Tea Room (9). Gehen Sie links durch die Roebling Street, dann rechts zum Fillmore Place und links ein Stück die Driggs Avenue entlang, dann rechts in die Grand Street (10). Von dort rechts in die Berry Street und gleich links in die North 1st Street. In der rechts abzweigenden Wythe Avenue können Sie Tacos essen, Wein trinken und shoppen (11) (12) (13) (14) (15). Dann ein Stück zurück und nach links in die North 3rd Street, wo es die berühmte Mast-Brothers-Schokolade zu kaufen gibt (16). Danach links in die Berry Street und wieder rechts in die North 4th Street. Weiter bis zur Bedford Avenue und dort Käse, Schmuck, Vintage-Kleidung usw. erstehen (17) (18) (19) (20). In der North 6th Street links finden Sie einen Herrenausstatter (21) und ein Café (22) und können fürs Abendessen reservieren lassen (23). In der Wythe Avenue geht es rechts zur Bakeri (24). In der North 8th Street recht abbiegen und bis zur Bedford Avenue gehen. Dort links zu einem coolen Restaurant (25). Wenn Sie in der North 11th Street links abbiegen, können Sie Bier verkosten (26). Kehren Sie zur Berry Street zurück, biegen Sie links in die North 14th Street ab und nochmal links zum Bowlen (27). In der Wythe Avenue links, dort gibt es einen "Drink mit Aussicht" (28) oder eine Pause in einem Designcafé (29). Dann weiter bis zur North 6th Street und dort rechts für Entertainment (30). Wieder rechts in die Kent Avenue, wo Sie an der Einmündung North 7th Street einen kreativen Markt finden (31). Überqueren Sie die Kent Avenue, um zum East River Park und zum Smorgasburg Market zu gelangen, danach können Sie die Fähre zurück nach Manhattan (32) (33) (34) nehmen.

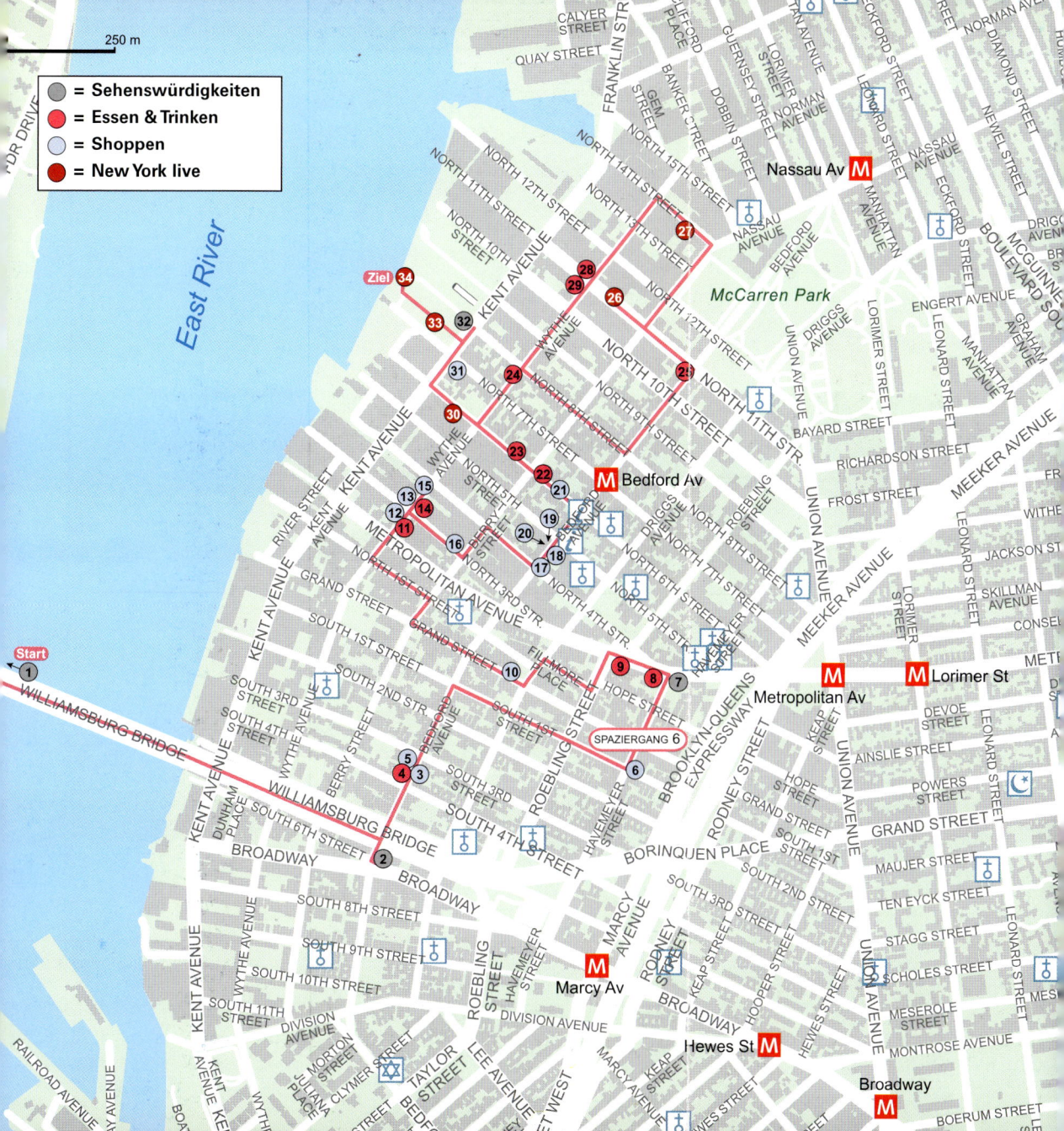

Weitere Sehenswürdigkeiten

Wer den sechs Spaziergängen des 100% Cityguides folgt, wird die schönsten Sehenswürdigkeiten automatisch entdecken. Aber New York hat natürlich noch mehr zu bieten. Hier folgen ein paar weitere Tipps, die nicht auf einem der Spaziergänge liegen. Manche können Sie zu Fuß vom Zentrum aus erreichen, für andere empfehlen sich jedoch die öffentlichen Verkehrsmittel. Die Buchstaben der folgenden Sehenswürdigkeiten finden Sie auf dem Übersichtsplan vorne im 100% Cityguide wieder.

Ⓚ Seit 1952 befindet sich das **Hauptquartier der Vereinten Nationen** an der 1st Avenue. Die geometrischen Formen und die gläsernen Wände sind charakteristisch für den internationalen Stil. Der Eintritt zum Besucherzentrum, in dem auch ab und zu besondere Ausstellungen stattfinden, ist kostenlos. Außerdem können Sie an einer Führung durch das Gebäude teilnehmen.
1st avenue, zwischen 42nd und 48th street, www.un.org, telefon: 212 9638687, geöffnet: täglich (führungen) mo-fr 9.15-16.15, sa-so 10.00-16.30, eintritt: 18 $, u-bahn s, 4, 5, 6, 7 grand central/42nd st

Ⓛ Das **Brooklyn Museum** gehört zu den ältesten und größten Museen Nordamerikas und bietet ein breites Spektrum von altägyptischer bis hin zu zeitgenössischer Kunst. Vor allem die Wechselausstellungen locken zahlreiche Besucher in das imposante, 1895 errichtete Gebäude. Alle Exponate an einem Tag zu sehen, ist schier unmöglich – wenn Sie Zeit haben, planen Sie am besten noch einen zweiten Besuch ein.
200 eastern parkway, www.brooklynmuseum.org, telefon: 718 6385000, geöffnet: mi & fr-so 11.00-18.00, do 11.00-22.00, erster sa im monat 11.00-23.00, eintritt: 12 $, u-bahn 2, 3 eastern pkwy/brooklyn museum

Ⓜ Obwohl **The Cloisters** offiziell zu Manhattan gehört, bekommt man den Eindruck, sich weit außerhalb der Stadt zu befinden. Das Klostermuseum ist Teil des Metropolitan Museum of Art und widmet sich mittelalterlicher Kunst.
99 margaret corbin drive, www.metmuseum.org/visit/visit-the-cloisters, telefon: 212 9233700, geöffnet: märz-okt. di-so 10.30-17.15, nov.-feb. di-so 10.00-16.45, eintritt: 25 $ (inkl. 'the met'), u-bahn a 190th st, dann bus m4 fort tryon park/the cloisters

BROOKLYN HEIGHTS PROMENADE Ⓞ

(N) Das **Pieter Claesen Wykoff House** wurde 1652 erbaut und gehört somit zu den ältesten Gebäuden New Yorks. Heute beherbergt es ein kleines Museum, in dem das Leben der niederländischen Einwanderer, die die Stadt gründeten, im Mittelpunkt steht.

5816 clarendon road, www.wyckoffmuseum.org , telefon: 718 6295400, geöffnet: fr-sa 12.00-16.00, eintritt: 5 $ (nur mit führung), u-bahn b, q zum newkirk plaza oder u-bahn 2, 5 zur newkirk avenue, danach bus b8 zur beverly road/ralph avenue

(O) Lassen Sie sich einen Spaziergang auf der romantischen **Brooklyn Heights Promenade** nicht entgehen. Denn von hier aus haben Sie eine grandiose Aussicht auf den East River, die Freiheitsstatue und die Brooklyn Bridge. Seit der Eröffnung der Promenade 1950 wurde dieses Panorama auch von zahlreichen Fotografen und Filmemacher festgehalten.

brooklyn heights promenade, treppe an der middagh oder cranberry street, u-bahn a, c high st und 2, 3 clark st

(P) Bekannt wurde das Viertel **Greenpoint** vor allem durch die Fernsehserie „Girls". In letzter Zeit haben sich viele bildende Künstler und Musiker dort niedergelassen, weil sie die lockere Atmosphäre schätzen und noch relativ preisgünstiger Wohnraum zu haben ist. Im Gefolge dieser Entwicklung eröffnen immer mehr Läden, Cafés und Restaurants. Einen Besuch abstatten sollten Sie Wolves Within, Ana Chronos, Fanaberie und Line & Label. Für die Pause zwischendurch empfiehlt sich das überaus beliebte Homecoming, ein Café, kombiniert mit einem Blumenladen.

im norden von brooklyn, am east river, u-bahn g nassau av

(Q) **Dumbo** ist ein ehemaliges Gewerbegebiet. Ein wenig spürt man noch die Atmosphäre von früher, auch wenn sich die Gegend mehr und mehr zum Hotspot wandelt. Die herrliche Lage am Wasser nahe der Manhattan Bridge trägt das Ihre dazu bei. Aber nicht nur junge New Yorker lassen sich hier in den neuen Lofts nieder, auch Firmen wie Etsy folgen dem Trend. Schauen Sie bei einem Bummel durchs Viertel bei Trunk, Mel en Stel und powerHouse Books vorbei und speisen Sie Austern im Atrium Restaurant. Nicht vergessen: Vom Brooklyn Bridge Park aus genießt man einen fantastischen Blick auf Manhattan.

unter der manhattan bridge auf der seite von brooklyn, u-bahn f york st

WEST ST

MILTON ST

NO STANDING
EXCEPT TRUCKS
LOADING
8AM-6PM

NO PARKING

GREENPOINT Ⓟ

Ausgehen

New York und Ausgehen gehören einfach zusammen. Die Auswahl an Clubs, Comedy Shows, Jazz, alternativer Musik, Theater und Film ist überwältigend. In dieser Stadt ist garantiert für jeden Geschmack etwas dabei. Für die aktuellsten Informationen empfehlen sich die Magazine *Time Out New York* (*newyork.timeout.com*) und *New York Magazine* (*www.nymag.com*).

Nachfolgend finden Sie eine Auswahl an Bars und Clubs, in denen man ein paar tolle Stunden verbringen kann. Die Buchstaben stehen auch auf dem Übersichtsplan am Anfang des 100% Citguides. Die Partyszene in New York wechselt ständig. Der eine Club kann heute absolut „in" sein, während er in der darauffolgenden Woche schon in Vergessenheit geraten ist. Noch keine Ahnung, wo Sie die nächsten Stunden verbringen werden? Fragen Sie einfach eine hippe Person, der Sie unterwegs begegnen. Noch ein Hinweis: Für die meisten Bars und Cafés gilt ein Mindestzutrittsalter von 21 Jahren. Vergessen Sie nicht Ihren Personalausweis, es wird oft danach gefragt.

(R) Lassen Sie den Tag im **Upright Citizens Brigade Theatre** ausklingen, einem Haus für Stand-up- und Improvisationstheater, in dem Abend für Abend die witzigsten und kreativsten Comedians ihr Können zeigen. Karten kosten höchstens 10 Dollar, sonntags um 21.30 Uhr kommen Sie sogar kostenlos hinein.
307 west 26th street, www.ucbtheatre.com, telefon: 212 3669176, geöffnet: täglich, für programm und öffnungszeiten siehe webseite, eintritt ab 5 $, so 21.30 kostenlos, u-bahn 1 28th st und a, c 23rd st

(S) **Apotheke** – so nennt sich eine trendige Flüsterkneipe in Chinatown, die wie eine Kombination aus Laboratorium und Theater anmutet. An der Bar können Sie aus einer umfangreichen Cocktailkarte wählen. Gemeinsam ist den Cocktails, dass sie nach dem Prinzip "Farm to Bar" aus frischesten Zutaten sowie dem einen oder anderen Ingredienz aus dem hauseigenen Dachkräutergarten gemixt werden.
9 doyers street, www.apothekenyc.com, telefon: 212 4060400, geöffnet: mo-sa 18.30-2.00, so 20.00-2.00, preis: 16 $, u-bahn 2, 3, 4, 5 a, c fulton

Ⓣ Im **Back Room** wähnt man sich in die 1920er-Jahre zurückversetzt. Alles erinnert hier an die Zeit der Prohibition, einschließlich der weißen Tassen, aus denen früher – verbotenerweise – Alkohol getrunken wurde. Die Bar selbst liegt "gut versteckt" in einer Gasse, die von der Norfolk Street abzweigt. Dank seiner authentischen Atmosphäre diente The Back Room schon des Öfteren als Kulisse für Filmszenen.

102 norfolk street, www.backroomnyc.com, telefon: 212 2285098, geöffnet: mo & so 19.30-2.00, di-do 19.30-3.00, fr-sa 19.30-4.00, preis: wein 8 $, u-bahn f delancey street und j, m essex street

Ⓤ Kaum war das exklusive Restaurant **The Musket Room** eröffnet, wurde seine Küche auch schon mit einem Michelin-Stern dekoriert. Neuseeländische Gastlichkeit prägt hier die Atmosphäre, was sich sowohl auf der Speisekarte wie auch beim Interieur niederschlägt. Und nach dem Essen genehmigen Sie sich am besten noch einen Cocktail an der schicken Bar.

265 elizabeth street, www.musketroom.com, telefon: 212 2190764, geöffnet: restaurant so-mo 17.00-22.00, di-do 17.00-23.00, fr-sa 17.00-24.00, bar länger geöffnet, preis: cocktail 13 $, u-bahn 6 spring st und f, m 2nd av

Ⓥ **Northern Territory** ist ein australisches Restaurant mit rustikalem Flair. Auf der großen Dachterrasse kann man sich an Sommerabenden etwas vom Grill servieren lassen, die Aussicht über den East River genießen und dabei der Musikauswahl des DJ lauschen.

12 franklinstreet, ecke franklin/meserole avenue, www.northernterritorybk.com, telefon: 347 6894065, geöffnet: mo-fr 17.00-spät, sa-so 12.00-spät, preis: cocktail 11 $, u-bahn g nassau av

Ⓦ Die klassische Cocktailbar **Ramona** ist sozusagen die große Schwester der eher beschaulichen Elsa (www.elsabar.com) im East Village. Kupfer, Marmor und Holz prägen das Ambiente des hohen Raums mit der langen Bar. Auf der Karte stehen Cocktails mit originellen Namen, wie Handsome Grandson oder Invitation to a Beheading.

113 franklin street, www.ramonabarnyc.com, telefon: 347 2278164, geöffnet: mo-fr 17.00-4.00, sa-so 13.00-4.00, preis: cocktail 12,50 $, u-bahn 1 franklin st und g nassau av

Alphabetischer Index

Thematischer Index

ESSEN & TRINKEN

SHOPPEN

NEW YORK LIVE

Impressum

Dieser 100% Cityguide wurde mit größter Sorgfalt zusammengestellt. mo media ist nicht verantwortlich für eventuelle inhaltliche Fehler. Anmerkungen und/oder Kommentare können Sie gern an **mo media GmbH, Elisabethkirchstraße 17, 10115 Berlin** oder per Mail an **info@momedia.com** richten.

autoren
Wendy Mahieu (Überarbeitung)
Zahra & Pheroza Sethna, Floor Bremer, Pascal Theunissen, Nellies Klaucke

fotografie
Wendy Mahieu, Marjolein den Hartog, René Clement, Pascal Theunissen
Foto S. 11: Wythe Hotel

übersetzung
Eva Schweikart (Überarbeitung),
Bookwerk GbR Köln/München, Textcase

lektorat
Christiane Weidemann (Überarbeitung),
Ulrike Grafberger, Caroline Kazianka

schlussredaktion
Annette Steger, Anna M. Schmidt,
mo media

konzeptgestaltung
Studio 100%

layout & lithografie
Mastercolors Mediafactory

kartografie
Van Oort Redactie en Kartografie

 100% New York
ISBN 978-3-95831-001-8

© mo media GmbH, Berlin
aktualisierte Neuausgabe März 2015

100% CITYGUIDES

Ausführliche Informationen zum 100% Programm finden Sie auch auf unserer Homepage unter **www.100travel.de**

*Meine 100% Geheimtipps
(Notizen und Ideen)*

....

....

....

....

....

....

....

....

....

....

....

....

....

....

....

....

Folgen Sie uns auf und teilen Sie Ihre eigenen 100% Tipps!

Mehr zu 100% unter: **www.100travel.de**